Éditrice : Caty Bérubé
Auteure et illustratrice : Emy Gernaey
Directrice création de contenus : Laurence Roy-Tétreault
Chef d'équipe production éditoriale : Crystel Jobin-Gagnon
Chargée de contenus : Pascale Hubert
Chef d'équipe révision et assistance : Marie-Christine Bédard
Réviseures : Émilie Marcotte et Viviane St-Arnaud.
Chef du développement créatif, graphisme : Marie-Christine Langlois
Chef d'équipe production graphique : Annie Gauthier
Conceptrices graphiques : Sonia Barbeau, Sheila Basque, Marie-Isabelle Fortin, Marie-Chloë G. Barrette, Karyne Ouellet et Josée Poulin.
Illustration de la page couverture : Graphix Design Graphique
Photographie de la quatrième de couverture : Jeremy Arsenault
Spécialiste en traitement d'images et calibration photo : Yves Vaillancourt

Mise en marché et marketing
Directeur des ventes et de la distribution : David Gatteau
Directrice marketing : Vanessa Ross
Responsable développement des affaires – division livres : Raphaëlle Mirandette
Chef d'équipe logistique et entrepôt : Valérie Boivin
Responsable territoire : Lise Fortin
Commis d'entrepôt : Nancy Arteau, Angélique Bertuzzi, Martin Carrier et Normand Simard.
Distribution : Pratico-Pratiques inc. et Messageries ADP.
Impression : Marquis

Administration
Présidente : Caty Bérubé
Vice-présidente opérations : Julie Doddridge
Vice-présidente ventes et marketing : Émilie Gagnon
Vice-présidente administration : Alexandra Poiré
Directrice des ressources humaines : Chantal St-Pierre
Technicienne aux ressources humaines : Anne-Sophie Fortin
Analyste comptable et chef d'équipe finances : Josiane Mailhot
Adjointe à la comptabilité et à la production : Carole Bélanger
Technicienne comptable : Sylvie Dion
Adjointe à la distribution et à la facturation : Pénélope Langlois
Agente aux comptes recevables : Josée Pouliot
Adjointe administrative : Josée Lavoie

Catalogage avant publication de Bibliothèque et Archives nationales du Québec et Bibliothèque et Archives Canada

Titre : Emy dans la lune : première période / Emy Gernaey.
Noms : Gernaey, Emy, 1993- auteur.
Description : Mention de collection : Prati-Cool
Identifiants : Canadiana 20220013497 | ISBN 9782896589463
Classification : LCC PS8613.E76 E49 2022 | CDD jC843/.6—dc23

Dépôt légal : 3e trimestre 2022
Bibliothèque et Archives nationales du Québec
Bibliothèque et Archives Canada
ISBN 9782896589463

Gouvernement du Québec. Programme de crédit d'impôt pour l'édition de livres – Gestion SODEC

Financé par le gouvernement du Canada | Canada

PRATICO EDITION

7710, boulevard Wilfrid-Hamel, Québec (QC) G2G 2J5
Tél. : 418 877-0259
Sans frais : 1 866 882-0091
Téléc. : 418 780-1716
www.pratico-pratiques.com

Commentaires et suggestions : info@pratico-pratiques.com

Emy Lalune

Emy dans la lune

Première période

Prati Cool

Je dédie ce livre à toutes les personnes qui l'ont inspiré : mon père, ma mère, ma soeur, mes amis et surtout à vous, mes très chers lecteurs. Merci de prendre le temps de me lire et de me laisser la chance de vous divertir par mon histoire, somme toute bien personnelle.

Dans la lune

Ça fait plus de 5 minutes que je me brosse les dents en me regardant dans le miroir. Je suis encore tombée dans la lune. Ça m'arrive souvent. Mais là, y'a une bonne raison ! Ma vie va complètement changer à partir de demain ! J'entre enfin au secondaire ! J'ai rêvé de ce moment pendant toute ma sixième année ! Je n'arrive pas à croire que c'est demain le grand jour. J'ai tellement hâte d'avoir plus d'un prof, plus de temps pour moi, plus de liberté ! Je dis liberté, mais je vais devoir porter un uniforme. C'est la seule chose qui m'agace. Qui a eu cette idée des uniformes ? Je me voyais vivre un secondaire comme dans les films d'ados américains, super stylée. Choisir ce que je porte, m'exprimer avec mes vêtements. Ben non ! Je vais devoir porter jour après jour le même polo, les mêmes pantalons ou la même jupe. Deux couleurs ! Deux couleurs seulement pour chaque vêtement, bleu marine et beige. Ouf ! Les couleurs les moins excitantes, dans mon livre à moi. Mais bon, c'est une bonne école privée selon maman, meilleure pour mon éducation. Dès qu'on a reçu l'appel de l'école pour m'annoncer que j'étais acceptée, elle sautait de joie. Personnellement, je ne pensais jamais avoir passé l'examen d'admission. Je m'étais faite à l'idée que j'allais fréquenter l'école secondaire du quartier, comme ma meilleure amie Arie. En plus, à cette école, y'ont pas d'uniforme ! Mais je me voyais mal dire à ma mère que je ne voulais pas aller à l'école privée pour un simple uniforme. Bref ! Je me dis que je vais trouver une manière de me démarquer autrement. Je suis créative, je vais trouver.

Je suis aussi un peu stressée, mais à la fois excitée de me faire de nouveaux amis. Y'a juste deux élèves de mon école primaire que je vais connaître, mais je ne suis pas proche d'eux. Oui, je suis triste qu'Arie et moi, on n'aille pas à la même école, mais j'ai besoin de nouveauté. J'ai vu les mêmes personnes pendant sept ans de ma jeunesse, c'est le temps de connaître d'autre monde! Peut-être des gens qui ont les mêmes passions que moi pour la mode, l'art et le théâtre. Avec Arie, c'est chouette, mais elle ne pense qu'aux garçons et ne parle que d'eux! Littéralement sans arrêt! Elle change de *crush* toutes les 2 secondes et ne veut jamais dessiner ou faire des vidéos avec moi. Pis elle sait à quel point c'est important pour moi, de percer sur TikTok. Je lui en parle tous les jours, et je publie une nouvelle vidéo au moins deux fois par semaine. J'ai quand même plus de 1000 abonnés! Mais là encore, ça ne l'intéresse pas. C'est plate, moi je l'écoute parler de son Lucas... ou bien Alexis? Je me souviens plus. Je me demande si les gens de ma nouvelle école vont me reconnaître. Peut-être qu'ils vont avoir vu mes vidéos *DIY* et mes projets artistiques. Je serais une vedette déjà en partant et je me ferais des amis super facilement! On verra!

La brosse à dents encore dans le coin de la bouche, je commence à tester des coiffures dans mes cheveux. Je me dis que ça pourrait être ça, mon truc! Des coiffures différentes tous les jours. J'ai vu une fille se faire une coiffure tellement belle sur TikTok. Ça avait l'air super simple, pis je pense que je me souviens comment faire. Je pourrais faire ça demain pour ma première journée! Je prends la moitié de mes cheveux du côté droit pour les attacher. J'ouvre MON tiroir. Ouais! Tout le monde dans la famille à son tiroir dans la salle de bain depuis que ma sœur Cloé s'est fâchée parce que j'utilisais et que je perdais tous ses élastiques. Maman s'est tannée de nous entendre nous chamailler alors, maintenant, à chacune son tiroir, à chacune ses élastiques. J'attache le premier côté avec un élastique orange fluo. Je trouve que ça contraste bien avec mes cheveux brun foncé. Maintenant, l'autre côté! Je regarde dans mon pot et je remarque que je n'ai pas de deuxième élastique de la même couleur. Je me dis que je n'ai pas le choix d'en emprunter un à ma sœur. Elle ne s'en rendra même pas compte, et au pire, elle comprendrait, c'est ma première journée au secondaire après tout ! J'ouvre doucement son tiroir pour ne pas faire de bruit et je sors l'élastique de la bonne couleur. C'est moi ou elle a beaucoup plus d'élastiques que moi, elle ? Elle en a presque le double ! C'est pas juste, ça ! Va falloir que j'aie une petite discussion avec maman à ce sujet-là…

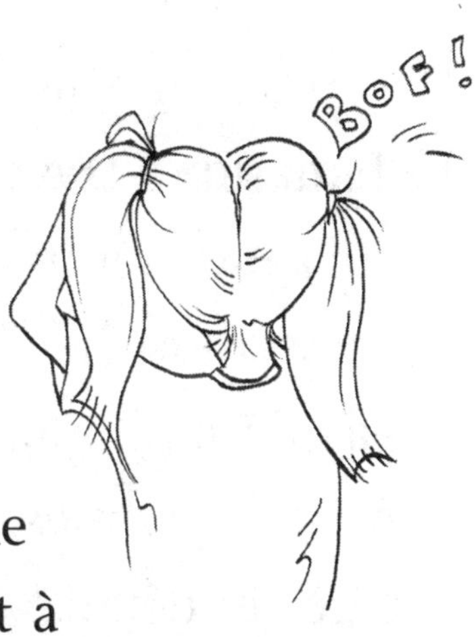

Je prends la moitié de mes cheveux du côté gauche et je les attache. Je me regarde dans le miroir. Ça ne ressemblait pas du tout à ça sur la fille de TikTok. Mes couettes ne sont pas à la même hauteur du tout. J'essaie de serrer celle de gauche pour la remonter un peu. Oups ! C'est encore pire, maintenant, y'a plein de bosses.

Ah pis non ! Je vais les laisser lousses. Ça me fait toujours ça ! J'essaie des coiffures, mais je finis toujours par les défaire. J'enlève les élastiques et je les dépose dans mon tiroir. Je ferme celui de ma sœur et je continue de brosser mes palettes.

Ça cogne ! Je sursaute ! Mon père me demande à travers la porte ce qui prend autant de temps et me rappelle qu'il est passé mon heure de coucher. Ce n'est pas de ma faute si j'étais dans la lune ! Au moins, mes dents sont propres ! Je rince et dépose ma brosse à dents dans mon verre, en me disant qu'il est plus que temps que je négocie mon heure de coucher. Après tout, demain, je commence le secondaire, je deviens une « vraie adolescente ».

Toute trempée

J'arrive à l'école dans mon chandail rose bonbon et mon jean préféré que j'ai modifié en collant plein de *patchs* de papillons cet été après avoir regardé la vidéo *DIY* d'une youtubeuse française. Quand je le porte, je me sens belle, je me sens stylée et j'ai confiance en moi. En passant la porte d'entrée de l'école, je remarque que tout le monde me regarde avec de grands yeux d'admiration. Ils aiment ce que je porte, c'est sûr ! Une fille plus vieille, peut-être en secondaire 4 ou même en secondaire 5 (*OMG* !), s'approche et me demande où j'ai acheté mon pantalon. Toute fière, je m'apprête à lui dire que c'est l'une de mes créations quand tout à coup, un son horrible se fait entendre dans toute l'école. Il s'intensifie de plus en plus. Tout le monde se regarde, on ne comprend pas…

J'ouvre l'œil. Je me sens confuse. Je regarde autour de moi et je le vois sur ma chaise. Mon UNIFORME !

Je roule des yeux. C'est vrai ! Il existe, lui.

Mon alarme continue de sonner de plus en plus fort. J'arrive pour appuyer sur le bouton « *snooze* », comme à mon habitude, quand je réalise que c'est aujourd'hui le GRAND jour. Je m'assois tout de suite dans mon lit et j'arrête mon alarme complètement. Je prends le verre d'eau à moitié plein sur ma table de chevet et je me le lance au visage ! Ça réveille, ça ! Je prends quelques secondes pour réaliser ce que je viens de faire. Toute ma couette est trempée, comme la moitié de mes cheveux. Ouin ! C'était pas l'idée de l'année ! En plus, papa va se demander pourquoi j'ai la moitié de la tête mouillée. Ça m'apprendra à vouloir faire comme si j'étais dans un film d'ados beaucoup trop intense!

Je prends un coin sec de ma couette et j'éponge un peu mes cheveux. À ce moment-là, j'entends mon père crier mon nom dans la cage d'escalier pour que je me réveille. Je crie en retour :

— JE SUIS DÉJÀ RÉVEILLÉE!

Ma chambre est au sous-sol et l'escalier, juste à côté de ma porte. J'comprends pas pourquoi il crie chaque fois, je suis presque capable de comprendre ce qu'il dit dans la cuisine même quand il chuchote.

Je me lève et je me dirige vers ma chaise à débarras, là où j'empile mes vêtements jusqu'à ce qu'ils débordent et que je n'ai plus le choix de les ranger. Sur le dessus de la pile, il y a mon uniforme. J'ai choisi de mettre la jupe et le polo bleu marine aujourd'hui. J'enfile le tout rapidement et je me regarde dans le long miroir accroché derrière ma porte. D'un coup, je réalise que c'est la première fois que je m'habille aussi rapidement pour l'école. 2 minutes, c'est mon record ! D'habitude, ça peut me prendre de 20 à 30 minutes. Mon père est toujours là à crier que je vais manquer l'autobus. Faut croire qu'un uniforme, ça a ses avantages.

Je monte à l'étage et, tout de suite, mon père et ma sœur me dévisagent en silence. Ils doivent être surpris de me voir levée si tôt, habillée en plus. Je suis quand même contente de les surprendre comme ça ce matin.

— Bon matin, papa ! Bon matin, Cloé !

— Bon matin, ma fille ! Elle était bonne, ta nage ?

Ma sœur rigole et ajoute :

— T'as vu beaucoup de poissons ?

Je les regarde de travers. C'est quoi le rapport de la nage ? Mon père et ses blagues que personne comprend.

— Qu'est-ce qui s'est passé avec tes cheveux ? Sont tout mouillés !

Mes cheveux ! C'est vrai !

— Rien, rien !

Je cours jusqu'à la salle de bain pour me sécher les cheveux. Quelques minutes plus tard, je ne ressemble déjà plus à une nageuse, mais plutôt à une vraie secondaire 1 !

Je retourne dans la cuisine pour déjeuner. Mon père nous fait à manger le matin. Ma mère, elle, dort toujours à cette heure-là. Elle travaille tard le soir sur ses plans. Elle est designer d'intérieur. Bref, elle est rarement debout le matin pour nous aider à nous préparer pour l'école. Il lui arrive de nous faire des coiffures quand on va la voir dans son lit. On lui apporte des élastiques et une brosse, et elle nous fait des tresses françaises en 2 secondes même si elle est encore endormie. Une vraie pro !

Ce matin, mon père nous a fait l'un de ses déjeuners classiques, une toast coupée en trois. Une tartinée de beurre d'arachide, l'autre de confiture à la fraise et la dernière de beurre, simplement. On a aussi droit à un verre de jus d'orange dilué dans l'eau. Depuis que maman a dit que le jus c'est trop sucré, il faut absolument le mélanger avec de l'eau. Selon moi, ça goûte juste plus le jus. C'est plus comme de l'eau à l'orange, mais bon !

— Prête pour ta première journée, ma grande ?

— Ouais, vraiment ! J'ai hâte de rencontrer mes profs pis les autres élèves !

— Un peu stressée ?

— Non ! Le secondaire, c'est plus relax, papa ! Pourquoi je serais stressée ?

Mon père sourit du coin de la bouche et prend une bouchée de sa toast. Je termine mon déjeuner et descends dans ma chambre pour préparer mon sac.

J'y mets mon agenda, quelques cartables, mon étui, et sans oublier le plus important, mon carnet de dessins.

Avant de remonter, je me regarde rapidement dans le miroir. Je peux pas croire que je vais à l'école comme ça. On dirait que j'ai pas de personnalité avec mon uniforme. Je prends un collier de boutons dans mon bol à bijoux et je l'enfile autour de mon cou. Bon ! C'est pas extravagant, mais au moins ça rajoute un peu de couleur.

Mon père crie mon nom... encore ! C'est l'heure de me rendre à l'arrêt d'autobus.

La rentrée

Je vois l'autobus au coin de la rue. À mon arrêt, il y a un garçon que je connais du regard, mais à qui je n'ai jamais parlé. Je sais tout de même qu'il est plus vieux que moi parce que ça fait deux ans que je l'aperçois patienter le matin à cet endroit. Il doit maintenant être en secondaire 3. Il porte chaque jour les mêmes lunettes et ses cheveux blonds sont toujours ébouriffés. Il doit se lever en retard et ne pas avoir le temps de se peigner, mais ça lui donne un style ! Il semble bien gêné et évite mon regard, alors je décide de ne pas lui parler. Peut-être aussi qu'il ne veut pas adresser la parole à la petite de secondaire 1, qui sait ?

De l'autre côté de la rue, ma sœur attend son autobus pour aller à son école primaire. Elle, il lui reste encore deux ans là-bas ! C'est drôle de penser que cette étape-là de ma vie est derrière moi et que je commence enfin le prochain et le plus important chapitre de ma vie, le secondaire. Ça va être fabuleux. À ce moment-là, l'autobus s'arrête devant moi et ouvre sa porte. Mon ami de secondaire 3 entre en premier. Je dis « ami » parce que je compte bien lui parler un jour et on va devenir amis, je le sens. J'entre à mon tour et je regarde un peu nerveusement les places libres. Vite, vite ! Où est-ce que je m'assois ?

Je longe un peu l'allée et à mi-chemin, je vois qu'un banc double est complètement libre. Je prends la place et je dépose mon sac à côté de moi. Je lève la tête et j'observe les élèves qui m'entourent. Je remarque que mon « ami » à lunettes s'est assis deux sièges plus loin avec un autre garçon et qu'ils discutent en ce moment. Derrière eux, il y a un groupe de jeunes plus vieux, des secondaires 4 ou 5 sûrement. Ils occupent les quatre derniers sièges et on les entend rire et crier dans tout l'autobus. Je me demande de quoi ils parlent, ça semble bien amusant. Je ramène mon regard vers l'avant et je vois le regard du chauffeur dans le rétroviseur. Il surveille de toute évidence les jeunes sur le *party* à l'arrière.

Pour passer le temps, je sors mon cahier à dessins et un crayon à mine. Je commence à barbouiller plusieurs esquisses de robes et de vêtements. Je suis tellement dans ma bulle que je ne vois pas le temps passer, jusqu'à ce qu'une voix me ramène à la réalité.

— Est-ce que je peux m'asseoir avec toi ?

Je lève le regard. C'est une jeune fille aux cheveux bruns qui semble avoir le même âge que moi. Je la regarde en silence quelques secondes avant de lui répondre tout en déplaçant mon sac au sol.

— Oui, oui, certain !

— Merci ! Je m'appelle Marie-Pie, *by the way.*

— Marie-Pier ?

— Non ! Marie-Pie ! Mes parents se trouvaient bien *cool* d'enlever le r. Ils n'arrêtent pas de me dire que c'est bien plus spécial comme ça.

— J'aime bien !

— T'es en secondaire quoi, toi ?

— Secondaire 1 ! Je suis nouvelle !

— Moi aussi ! Je suis contente de me faire une amie dans l'autobus. On dirait que c'est moins stressant d'entrer dans l'école avec quelqu'un.

— Je suis d'accord ! On rentre ensemble !

Marie-Pie et moi, on parle jusqu'à ce qu'on arrive à l'école. Je sais qu'elle aime jouer au soccer, qu'elle est enfant unique et que ses parents sont séparés depuis deux ans. On descend de l'autobus ensemble et on se suit jusqu'à l'entrée de l'école. Arrivée devant la porte, je vis une émotion. Je suis tellement excitée que je m'arrête. Marie-Pie, elle, continue comme si de rien n'était. Ne voulant pas la perdre de vue, j'avance, je traverse la porte et je la rejoins rapidement. On descend des escaliers et on passe une deuxième porte avant d'arriver dans un corridor. Des profs sont là pour diriger les secondaires 1. Ils nous disent de tourner à gauche et de continuer jusqu'au bout du corridor. Rendues-là, un autre prof est là pour nous dire de tourner à droite et de marcher jusqu'à l'espace des casiers pour y trouver le nôtre. J'ai bien mémorisé le mien surtout parce qu'il est super facile, 222, un *angel number* selon maman. Il est censé symboliser l'harmonie et la réussite. Je sais pas si je crois à ces affaires-là, mais on dirait que j'aimerais réussir ce que je vais entreprendre au secondaire, alors je reste bien ouverte.

— Mon numéro de casier, c'est le 284. Toi ?

— 222 !

En arrivant dans l'espace des casiers, je vois plein de rangées parallèles. On longe la première et on tombe rapidement sur le 284. Marie-Pie s'arrête pour ouvrir son casier et déposer ses affaires. De mon côté, je veux continuer de chercher le mien alors je lui dis que je vais venir la rejoindre après l'avoir trouvé. On dirait que je veux rencontrer mon casier seule. Elle est d'accord. Je tourne le coin et j'entre dans une nouvelle rangée. Concentrée, je suis les chiffres du regard, 238, 237, 236, 235... POUF ! Je fonce dans quelqu'un et je tombe par terre. Cinq élèves me regardent, je rougis, un peu BEAUCOUP embarrassée.

— T'es correcte ?

— Oui, oui...

Je lève le regard pour voir dans qui j'ai foncé comme une tornade et qui a quand même la gentillesse de me demander si ça va. Je fige. C'est le plus beau gars que j'ai vu de ma vie. Cheveux châtains, yeux verts, le sourire en coin et en plus, il me tend la main pour m'aider à me relever. Je réalise que ça fait un moment que je l'observe sans rien dire. Je perçois dans son regard un léger malaise. Je prends rapidement sa main pour me remonter.

— Scuse, j'étais étourdie.

— T'inquiète.

— Je m'appelle Emy.

— Moi, c'est Justin, enchanté ! Secondaire 1 aussi ?

— Oui !

— Stressée ?

— Un peu, mais ça va ! Je cherche mon casier, le 222 !

Il regarde autour de lui et me pointe un casier en diagonale de lui.

— 222, drette là !

Je me retourne, et oui, en effet, c'est bien mon casier, et ça… à côté de mon premier *crush* du secondaire !

La période d'orientation

Je suis arrivée d'avance au local d'orientation. Marie-Pie et moi avons demandé à au moins quatre élèves de nous guider pour être sûres de ne pas se perdre. Ça tombait bien, sa classe était juste à côté de la mienne. Une chose est certaine, je sais exactement comment trouver nos locaux pour les prochaines fois maintenant.

Je ne voulais surtout pas être la fille qui arrive en retard à son premier cours au secondaire, ben, sa première « période d'orientation ». Je ne comprends pas encore le concept de cette période-là. Elle dure seulement 15 minutes et je l'ai tous les jours dans mon horaire de neuf jours. Pourquoi neuf jours et pas dix ? Ce serait plus rond comme chiffre ! Tout en me questionnant sur la nature de cette première période, j'observe les élèves qui entrent dans la classe, espérant secrètement y voir entrer Justin, mon voisin de casier. Certains sont tellement gênés qu'ils regardent le sol en évitant les regards.

D'autres entrent comme si la classe leur appartenait, super confiants. En les analysant, je me demande lesquels vont devenir mes amis.

Il reste seulement 1 minute avant que la cloche sonne. Presque tous les bureaux sont occupés. Il ne reste que deux bureaux libres, dont un à côté de moi. Aucun signe de Justin ni de Johanne Boucher, la prof! Je connais son nom parce qu'il est écrit sur mon horaire. Un élève entre dans la classe et s'exclame : « XAVIER ! » La moitié des élèves sursautent. Il s'empresse de rejoindre un autre garçon de la classe en rigolant. Ils se donnent une poignée de main et s'assoient l'un à côté de l'autre tout en jasant. Ils se connaissent, c'est sûr.

La cloche retentit et, au même moment, une dame d'environ 40 ans aux cheveux noirs, aux lunettes extravagantes et au rouge à lèvres rouge vif entre dans la classe. Elle porte une robe lousse noire et a une démarche très décontractée. Elle lance un « bonjour, les élèves ! » sans nous regarder. Tout de suite, je réponds vivement « bonjour ! » sans réfléchir. Tout le monde se retourne vers moi. Je suis la seule à avoir répondu. Même la prof semble surprise et me dévisage. Je souris nerveusement, ne sachant pas quoi faire. Elle sourit en retour et tourne le regard vers son bureau pour y déposer son Thermos rouge à café et ses cahiers. Elle dépose son sac (également rouge) par terre et s'assoit sur sa chaise. J'en déduis qu'elle doit beaucoup aimer le rouge.

Elle insère une clé USB (rouge aussi) dans l'ordinateur, clique un peu partout avec la souris, puis ouvre le tableau interactif avec la manette pour qu'on puisse voir ce qui me semble être un PowerPoint. Il s'intitule « À l'école Collège Espoir… »

Madame Boucher s'apprête à parler lorsqu'une jeune fille essoufflée apparaît dans le cadre de porte.

— Bonjour, excusez-moi, je suis en retard parce que je me suis perdue et que j'ai échappé tous mes cahiers dans les escaliers.

Je suis un peu déçue de voir que ce n'est pas Justin. Je dois me rendre à l'évidence, il est dans une autre classe.

La prof, d'une voix grave, mais douce lui demande :

— Ton nom ?

— Emma…

— Normalement, Emma, ce serait une retenue pour ton retard, mais c'est la première journée alors je te laisse une chance !

QUOI ? Une retenue ? Pour un retard ? Mon hamster commence à tourner. On donne des retenues pour rien à cette école ? On n'excuse pas les erreurs ? C'est pas si libre que ça finalement, le secondaire ! Emma avance vers le dernier bureau libre à côté de moi, je lui souris pour la rassurer un peu. C'est tellement gênant ce qui vient de lui arriver, encore plus que d'être la seule à répondre à la prof!

Madame Boucher commence son discours en suivant les diapositives. Elle nous parle d'abord du camp d'intégration qui aura lieu dans deux semaines et qui a pour but de nous aider à tisser des liens avec les autres élèves de secondaire 1. En résumé, on part trois jours dans le bois pour se faire des amis. Je suis quand même excitée d'aller au camp, même si j'suis pas *fan* de la bouette et des moustiques normalement, parce que c'est comme un congé d'école!

Après avoir énuméré toutes les activités de plein air au menu, la liste des affaires à apporter et après avoir distribué la feuille de permission à faire remplir et signer par nos parents, elle commence à nous expliquer les règlements de l'école. Il y en a plusieurs, beaucoup plus que je ne m'imaginais. Premièrement, à cette école, ils donnent des retenues pour TOUT : les retards, les oublis de matériel, les devoirs non faits ou incomplets, le manquement au code vestimentaire…

On a parlé moins longtemps de l'importance du respect des autres à l'école que de la longueur de la jupe de l'uniforme. 5 MINUTES sur la longueur appropriée de la jupe et comment on risque une retenue si jamais on ne respecte pas cette règle. C'est moi ou c'est pas juste, puisque ce sont les filles qui portent la jupe ? Je suis sur ma chaise, bouche bée d'incompréhension. Le secondaire, c'est pas du tout ce à quoi je m'attendais. Adieu ma liberté.

Madame Boucher termine son discours et nous autorise à parler pendant le reste de la période pour apprendre à nous connaître. Je regarde l'horloge et, techniquement, il nous reste moins de 2 minutes pour parler. Je me tourne vers Emma qui se trouve à ma droite pour la saluer.

— Salut ! Moi, c'est Emy, ça ressemble beaucoup à ton nom !

— Oui, c'est vrai !

— Si tu veux, on peut se rendre au cours de français ensemble, comme ça, on aura moins de chance de se perdre dans l'école!

— J'aimerais ça! Je veux comme pas reproduire la catastrophe de tout à l'heure!

— Tu sais comment faire ton entrée en tout cas!

Emma commence à rigoler et, au même moment, la cloche sonne. On a seulement 10 minutes pour aller chercher nos livres dans notre casier et se rendre au local de français, mais je suis pas du tout stressée parce que je ne suis pas seule, j'ai une nouvelle amie, Emma.

Chapitre 5

La cafette

J'ouvre mon casier pour y prendre ma boîte à lunch. Je meurs de faim! En même temps, c'est normal après avoir survécu à mes trois premiers cours du secondaire : Anglais avec madame Dimanche, Histoire avec monsieur Fisher et Français avec madame

Boucher. C'était intéressant de voir madame Boucher sous un autre angle. Elle est beaucoup plus enthousiaste quand elle enseigne les accords du pluriel que quand elle énumère les règlements de l'école en orientation.

Une chose est sûre, c'est que les profs pensent tous qu'ils sont les seuls à donner des devoirs. J'en ai déjà trois de notés à mon agenda. Comment peuvent-ils penser que j'arriverai à tout faire ? En plus, deux d'entre eux ont osé dire que ce n'étaient pas de GROS devoirs puisque c'était la première journée. QUOI ? Il va y en avoir des plus gros dans l'avenir ? Je redoute déjà mes deux prochains cours après le dîner.

Je ferme mon casier et, en me retournant, mon cœur s'arrête ! C'est lui ! Justin ! Il entre dans notre rangée de casiers accompagné de deux amis. Je reconnais l'un d'eux, Xavier, parce qu'il est dans ma classe. Justin lève la tête et me sourit tandis que ses amis, qui m'ont remarqué les fixer dès le départ, me dévisagent. À ce moment-là, Emma apparaît et me montre sa boîte à lunch.

— Ma mère m'a acheté une nouvelle boîte à lunch pour le secondaire. Regarde, elle scintille ! T'es prête ?

— Oui ! Je meurs de faim !

— Suis-moi ! Des filles de mon primaire nous ont réservé une place à la cafette !

Au moment de tourner le coin des casiers, je jette un dernier regard sur Justin. Il ne me regarde pas, il fouille dans son casier, mais Xavier, lui, me remarque encore et me pointe en riant. Gênée, j'accélère le pas pour éviter de croiser le regard de Justin.

Je laisse Emma nous guider vers la cafette parce qu'elle a l'air de savoir où elle va. Sa sœur est en secondaire 3. Elle a dû lui dire comment s'y rendre. On longe un corridor, on tourne à droite, on pousse une grosse porte et on y est.

C'est tellement grand. Grand comme un gymnase. Je ne me souvenais plus que c'était si impressionnant! La dernière fois que je suis venue ici, c'était aux portes ouvertes de l'école et on avait traversé rapidement l'endroit pour se rendre à l'escalier qui menait au vieux pavillon.

En voyant toutes les tables parallèles l'une à côté de l'autre, les files d'élèves devant les micro-ondes et devant les caisses de la cafétéria bondée de monde, je vis une émotion. Ça, c'est digne d'un film américain. Je constate que les tables proches des fenêtres sont occupées par des plus vieux de secondaire 3. Ça doit être comme ça parce que les secondaires 4 et 5 mangent plus tard, au second dîner, car il n'y a pas assez de places dans la cafette pour tout le monde. C'est ce qu'Emma m'a expliqué en sortant du cours d'histoire plus tôt.

— Emy, par ici !

Je n'avais pas remarqué, mais elle est rendue plusieurs mètres plus loin à côté d'une table de filles qui m'observent curieusement. J'étais dans la lune. J'accélère le pas et je vais les rejoindre. Emma me présente tout le monde.

— Elle, c'est Carla, on fait du *cheer* ensemble ! Elle, c'est Inès, on s'est rencontrées aux portes ouvertes. Elle, c'est Roxanne, l'amie d'Inès. Pis finalement, ça, c'est Élodie et Cath, mes amies du primaire !

— Allô ! Je suis contente de vous rencontrer ! Emma et moi, on est dans la même classe !

— Oui, on sait ! disent-elles toutes en même temps.

Je m'assois à côté de Roxanne, un peu gênée, et j'ouvre ma boîte à lunch. Mon père m'a fait une salade grecque pour dîner. Il a ajouté une pomme, des crudités avec du houmous et un jus de fruits. Je pense que je dois avoir le lunch le plus santé de la cafette. Au moins, mon jus n'est pas dilué avec de l'eau pour une fois. J'ouvre mon plat et en voyant ma salade, je me dis qu'encore une fois, papa n'a pas mis assez d'olives. Pourtant, il sait que c'est ma passion.

Je commence à manger. Emma et Carla parlent de *cheer.* Roxanne et Inès parlent du cours d'art qu'elles viennent de suivre avec des étoiles dans les yeux. Elles vantent le prof, monsieur Lepage. Il paraît que c'est le meilleur prof de l'univers, à les entendre. J'ai tellement hâte à ce cours, mais il n'est que dans trois jours pour mon groupe.

En prenant une gorgée de mon jus, je vois Justin quelques tables plus loin. Il rigole avec ses amis, son sandwich à la main. Il a le plus beau sourire que j'ai vu de ma vie. Les gars de mon primaire n'étaient pas aussi beaux, de ce que je me souvienne, ou peut-être que je n'étais juste pas prête à *dater*. Avec Justin, je serais prête en tout cas. Emma crie de joie en voyant une barre tendre au chocolat dans sa boîte à lunch et me ramène à la réalité du même coup. Je réalise que ça fait au moins 1 minute que je fixe Justin et que mon jus est désormais vide. Roxanne me regarde, je pense qu'elle m'a vue.

— Tu regardais qui comme ça ?

— Personne...

— Je sais ce que j'ai vu et c'est toi en admiration complète pour l'un des gars de la table là-bas ! Lequel ? Dis-moi !

— OK, mais n'en parle pas plus fort... C'est le gars avec le polo beige et les cheveux châtains. Il mange un sandwich.

— Justin ?

— Tu le connais ?

— Il est dans ma classe !

— Pour vrai ? Il est comment ?

— Tranquille, mais c'est encore la première journée, tout le monde est un peu gêné.

— C'est mon voisin de casier, j'ai un *crush* dessus depuis que je lui ai foncé dedans ce matin. Je le trouve tellement beau !

— Ouin, y'est pas laid…

— Toi ? As-tu un *crush* ?

— Les gars ne m'intéressent pas vraiment, je les trouve cons.

— Normalement, moi aussi ! Ça m'énerve quand mon amie Arie parle d'eux sans arrêt, mais je sens que Justin, il est différent ! Il est super gentil !

— Si tu le dis !

Elle rigole un peu avant de se tourner vers Inès pour lui demander quel cours elles ont après le dîner. Une quinzaine de minutes plus tard, on décide de se lever pour aller marcher dans la cour d'école. Je jette un dernier coup d'œil sur Justin avant de partir, et à ma surprise, il me regarde aussi. *OMG* !

À table

Mon père nous a encore cuisiné l'un de ses fameux sautés pour le souper. On doit manger ça trois fois par semaine minimum et les légumes sont toujours trop mous à mon goût. Papa dit que c'est comme ça qu'il les préfère et puisque c'est lui qui cuisine, c'est lui qui décide !

On doit TOUT manger! Quand on ne veut pas terminer notre assiette et qu'on sort la carte du « j'ai plus faim », on n'a pas le droit de manger de dessert et on est obligées de manger le reste pour déjeuner le lendemain matin. Intense, je sais! Je qualifierais mon père de sévère. On peut pas lui en passer des petites vites, à lui.

Chaque soir, au souper, on en profite pour discuter en famille. C'est une tradition. On mange tous les quatre ensemble, tous les soirs. Aujourd'hui, ma mère nous pose une tonne de questions sur nos rentrées respectives, à ma sœur et moi.

— Pis ta première journée, Emy?

— Je m'attendais pas à ça ! Vous ne m'aviez pas dit que le secondaire, c'est une prison !

— Une prison ?

Mon père ricane un peu silencieusement.

— Pourquoi tu ris, papa ?

— Tu t'attendais à quoi ?

— Ben je pensais que ça allait être comme dans les films ! Ils ont toujours plein de périodes libres et ils font plein de *partys* !

— Ben on n'est pas dans un film, ma grande !

— Ben je le sais, maintenant ! On a mille et un cours, des centaines de devoirs et chaque jour, en plus ! Les profs pensent quoi ? Qu'on est des élèves bioniques ? J'ai d'autres choses à faire !

— Que de faire tes devoirs ?

— OUI !

— Comme quoi ?

— Ben faire de l'art, pis des TikTok… Ça prend du temps, tu sais, papa !

— C'est des passe-temps ça, Emy ! C'est ben *cool* faire de beaux dessins sur TikTok, mais faut que tu mettes plus d'efforts sur tes travaux scolaires ! C'est important pour ton avenir !

— Papa ! Tu comprends vraiment RIEN !

Mon père pis moi, on s'aime fort, mais on se comprend vraiment pas. Il ne m'encourage jamais dans mes passions ! On s'obstine souvent à table. Une chance que ma mère est là pour détendre l'atmosphère.

— Tu vas trouver un moyen de bien balancer plaisir et devoirs, j'en suis sûre, ma chouette ! T'es-tu fait des amis aujourd'hui ?

— Oui, Marie-Pie, Emma et des amies à elle !

— Marie-Pie, c'est intéressant comme nom, wow !

— Ouais, ses parents disent que c'est plus unique comme ça!

— Ah ben oui, pour être unique, ce l'est! Je suis contente de savoir que tu t'es fait des amies aujourd'hui! Tu les inviteras à souper bientôt! Pis toi Cloé, comment c'était? T'aimes ta prof?

— Super le *fun*! Ma prof est vraiment fine pis super belle en plus. Elle nous a dit qu'on allait…

Sans porter attention, encore énervée de l'intervention de mon père, j'interromps ma sœur pour rétorquer :

— Tsé papa, y'a pas juste l'école dans la vie! Y'a plein de gens qui vivent de leur passion ! C'est pas parce que toi tu le fais pas que ça se peut pas.

Il me regarde sans rien dire, indifférent à mon attaque. Ça m'énerve quand il fait ça ! Quand je le confronte, soit il ne dit rien ou soit il change complètement de sujet.

Ma mère me fait remarquer que j'ai coupé la parole à ma sœur et me demande de m'excuser. Je le fais en levant les yeux au ciel et je me tais pour le reste du souper. Ma sœur continue de raconter sa première journée, enthousiaste.

Elle et moi, on est complètement différentes. Elle, les devoirs, elle aime ça, tellement qu'elle les fait toujours en revenant de l'école. Moi quand je reviens, je veux tout faire sauf replonger dans mes cahiers d'école, yashhhh! J'ai besoin de changer d'air. Des fois, je change tellement d'air que j'oublie complètement de les faire pis je dois les terminer à la course dans l'autobus en allant à l'école. Cloé a toujours de bonnes notes. Ça doit être pour ça qu'elle ne se chicane jamais avec mon père. Ma sœur est beaucoup plus à son affaire. De mon côté, je m'arrange pour passer mes cours, mais l'école n'est pas du tout ma priorité. Ça ne plaît pas à mon père, ça. Il voudrait donc que je prenne exemple sur ma sœur. AUCUNE CHANCE!

Voyant que tout le monde a terminé, je demande de sortir de table pour aller dans ma chambre « faire mes devoirs ». Ma mère accepte et mon père me rappelle de rincer mon assiette et de la placer dans le lave-vaisselle avant de descendre. Je l'ignore, mais je le fais pour éviter de me faire chicaner.

J'arrive dans ma chambre, encore énervée. Non seulement j'ai réalisé que le secondaire était beaucoup plus strict que je le pensais, mais mon père me met encore de la pression et ne m'encourage pas dans mes passions. Une partie de moi voudrait claquer la porte, mais je me contrôle. À la place, je décide de mettre mon énergie dans mon art. Je vais faire un dessin de mon émotion et filmer les étapes pour le mettre sur TikTok.

Je sors une feuille blanche et mes crayons de mon tiroir de bureau et j'installe le vieil iPhone que ma mère m'a donné sur mon trépied. J'appuie sur le bouton d'enregistrement directement sur l'application. Je trace d'abord une veste à pois avec une manche plus longue que l'autre recouvrant une simple chemise. J'ajoute une poche dans laquelle je dessine une fleur fanée, puis je cesse de filmer avant de dessiner le visage pour réfléchir. Je sais! Je veux que ce soit abstrait!

J'appuie à nouveau sur le bouton avant

de tracer un barbeau à l'endroit de la tête. C'est exactement ça que je ressens en ce moment, chiffonnée comme un barbeau ! Je prends mon cell et j'enregistre des images de mon œuvre finale sous plusieurs angles avant de faire le montage. Je me confie en *caption* en quelques caractères, sans oublier les *hashtags* !

« Je me sens énervée. Je me sens perdue. Pourquoi on ne nous laisse pas être nous ? #art #dessin #émotions »

J'appuie sur « publier » et je dépose mon cell sur mon bureau avant d'aller regarder Netflix un peu. C'est fou comme dessiner, ça me fait du bien !

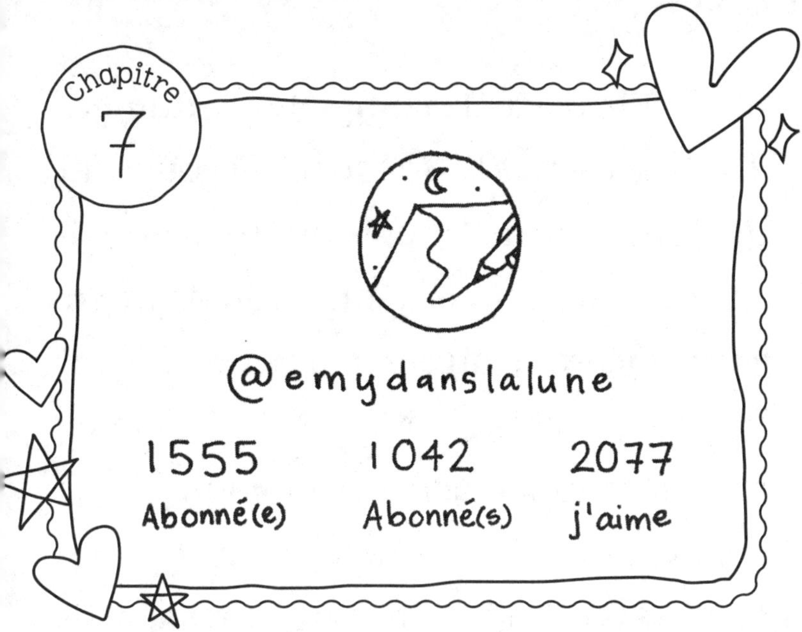

Le cours de math

Plus de 3 200 visionnements sur mon dernier TikTok et 42 nouveaux abonnés en trois jours ! C'est énorme ! Je n'en reviens pas ! Je ne m'attendais pas à ce que mon dessin soit aussi populaire ! Je suis tellement heureuse que je le gribouille à répétition dans mon cahier de math à la place de compléter le numéro 4 a). Pas grave! Monsieur Bagot a dit que c'est que de la révision. Il veut vérifier que les notions apprises au primaire sont encore acquises par tous. Je suis bonne en mathématiques, j'ai toujours trouvé ça super facile. C'est comme une recette. Tu suis les étapes et tu trouves la réponse. Voilà! En plus, il reste assis à son bureau alors il ne voit même pas que je fais autre chose.

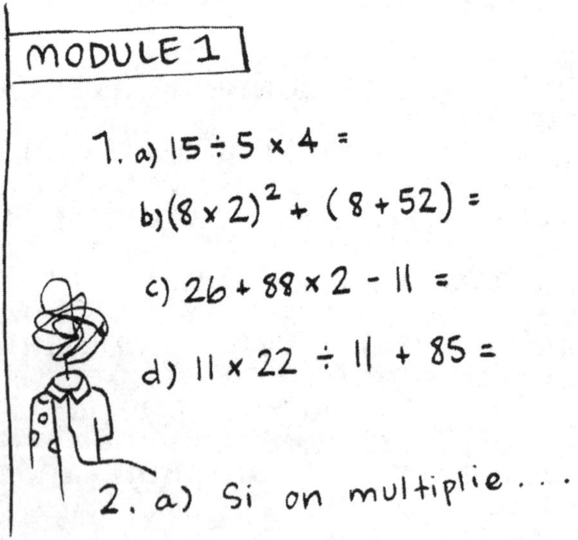

Je sors mes surligneurs pour ajouter de la couleur, chose que je n'ai pas faite dans ma dernière vidéo. Quelques personnes m'ont suggéré en commentaires d'en mettre la prochaine fois parce que ça « ajoute de la vie ». Je suis quand même d'accord avec elles! Je colorie minutieusement le veston de mon personnage avec mon crayon rose fluo. Je suis tellement concentrée que je n'ai pas remarqué que mon prof s'est levé pour parcourir les rangées de bureaux. C'est seulement quand il se plante devant moi et que j'aperçois son pantalon kaki du coin de l'œil que je réalise qu'il m'observe. J'ai le réflexe de cacher mon dessin avec mes mains! Tellement subtil mon affaire, comme si ça allait changer quelque chose. Tranquillement, je lève le regard pour voir sa réaction. Il ne semble pas siiiiiiii fâché que ça !

— Tu resteras après le cours, madame « GuernAé » !

Encore un qui massacre mon nom de famille ! Ça se prononce « Gerné » et ça s'écrit « Gernaey ». Je ne sais pas pourquoi c'est si dur à comprendre pour les profs de mon école. Voyant qu'il attend une réponse, j'acquiesce silencieusement de la tête pour ne pas attirer plus l'attention malgré le fait que plus de la moitié de la classe me dévisage. Il avance et retourne à l'avant de la classe.

Je me demande ce qu'il veut me dire… J'espère que ça ne prendra pas trop de temps, je ne veux surtout pas arriver en retard à mon premier cours d'arts plastiques de l'année, mais j'espère surtout qu'il ne me donnera pas de retenue après l'école! J'ai trop envie d'aller dessiner et de filmer un autre TikTok! Je me sens super motivée, il faut que je crée! On verra!

Monsieur Bagot demande à la classe de déposer son crayon. Je me demande pourquoi parce qu'en regardant l'horloge, il reste encore 15 minutes au cours. Il attend que tout le monde soit attentif pour annoncer… roulement de tambour… un quiz SURPRISE!

Zut! J'aurais peut-être dû pratiquer en fin de compte! Pas grave, je suis sûre que je vais clencher ça! Il distribue les copies en nous répétant à deux ou trois reprises de ne pas oublier d'écrire notre nom. Quand je reçois ma copie, j'écris le mien directement. C'est mon genre d'être dans la lune et d'oublier, puis comme je cherche un peu à me faire pardonner mon dessin illégal, je vais m'assurer de suivre ses consignes à la lettre à partir de maintenant. Il nous donne les 10 minutes restantes pour compléter le quiz. J'observe la copie et il n'y a que cinq numéros. Facile !

Je suis en train de compléter le cinquième numéro quand la cloche sonne. Monsieur Bagot nous demande d'aller porter notre copie sur son bureau et me regarde pour me faire signe de ne pas oublier de venir le voir. Je rougis instantanément, stressée. Je n'aime pas suivre les consignes, mais j'aime encore moins me faire prendre et me faire chicaner.

Je ramasse mes affaires, je prends mon sac et j'avance lentement avec ma copie en espérant que la majorité des élèves sortent de la classe avant que j'atteigne le bureau du prof. Je ne veux pas me faire chicaner devant eux. Comme de fait, il ne reste que deux ou trois élèves quand j'arrive devant celui-ci. Je dépose doucement ma copie sur la pile. Mon prof prend ma copie et commence à l'analyser.

— Très bien... bonne démarche au numéro 2... et au numéro 3. Au numéro 4, je vois que tu as calculé dans ta tête, ça va être important de laisser des traces de ton travail la prochaine fois...

— Oui, OK!

— Numéro 5, incomplet, mais je vois que tu étais sur le bon chemin…

— La cloche a sonné, j'ai pas pu terminer, mais la réponse c'est 52!

— Si c'est pas écrit, c'est une mauvaise réponse! Bon! Pour revenir à tout à l'heure…

Je le regarde en silence.

— C'est un cours de mathématiques ici, donc les seuls dessins que je veux voir, ce sont ceux en lien AVEC les mathématiques. Triangle, rectangle, cercle, etc. Est-ce que c'est clair?

— Oui, Monsieur Bagot !

— Pour cette fois-ci, je te laisse une chance, mais la prochaine fois, je ne serai pas aussi clément.

— J'ai compris, je recommencerai plus ! Promis !

— Parfait ! Bon, dépêche-toi, tu vas arriver en retard à ton cours d'arts plastiques je pense... là où tu peux dessiner !

— Oui merci... et bonne journée !

Je tourne les pieds et me dirige vers la sortie quand mon prof rajoute quelque chose.

— T'as du talent, en tout cas ! J'ai bien hâte de voir ce que tu vas faire avec !

Il me sourit et me tourne le dos pour travailler sur son ordinateur. Non seulement il ne m'a pas chicanée, mais il me donne un compliment. Figée de surprise, je rougis. Une chance qu'il s'est retourné, il ne me voit pas ! Fiou ! À ce moment-là, j'entends un élève dire à son ami « vite, il reste 2 minutes ». Je réalise que si je ne m'active pas, je vais être en retard ! Je dois monter un étage, en plus !

Je commence à marcher rapidement. J'ouvre la porte de la cage d'escalier. Je grimpe à coup de deux marches. Je traverse à nouveau une porte et j'accélère le pas jusqu'au fond du corridor. J'entre dans la classe, je m'assois sur le premier tabouret que j'aperçois et je dépose mon sac sur la table haute, tout essoufflée, et au même moment, la cloche sonne.

Le cours d'arts plastiques

Dans le cours d'art, il n'y a pas de bureau ni de chaise, mais plutôt de grandes tables hautes avec des tabourets. Je suis assise avec trois gars : Xavier, Eddie et Andrew. Ils commencent à s'agiter en voyant que le prof d'art n'est pas dans la classe. Tout à coup, un vacarme se fait entendre à l'arrière de la classe derrière deux portes fermées, comme si quelqu'un avait échappé quelque chose par terre. Tout le monde se regarde avec de grands yeux, surpris. À ce moment-là, les portes s'ouvrent d'un coup et on aperçoit notre prof d'art couvert de peinture, qui rigole. Le pauvre a échappé deux pots de peinture par terre et le tout l'a de toute évidence éclaboussé. Sa chemise bleue est maintenant tachetée de jaune et de vert. À voir sa tête, ça n'a pas l'air de le déranger.

— Ah ! elle est bien mieux comme ça, ma chemise, qu'est-ce que vous en pensez ?

Plusieurs élèves silencieux le dévisagent, encore sous le choc. Pour ma part, je commence à rire et mes trois amis de table m'accompagnent. Monsieur Lepage demande à deux élèves près de lui d'aller chercher du papier brun pour l'aider à ramasser, à un troisième de distribuer les feuilles blanches cartonnées qui se trouvent sur son bureau et au reste de la classe de sortir des crayons de bois sur les tables.

5 minutes plus tard, le dégât bien nettoyé, on peut enfin commencer ce que je pense va être mon cours préféré !

— Bonjour, tout le monde. Je m'appelle Monsieur Lepage et je vais être votre prof d'arts plastiques cette année ! Comme vous avez pu le voir, je suis un peu maladroit, parfois un peu dans la lune, mais je suis passionné et j'adore créer avec mes élèves plus que tout ! Je sais qu'ensemble, on va avoir du *fun* !

« Un peu dans la lune », comme moi ! Je l'aime déjà !

— Ce que je vous demande, c'est d'arriver à mon cours prêts à vous surpasser ! Dans mon livre à moi, tout le monde est bon en art ! Je ne veux en aucun cas entendre « j'suis pas capable » ! Vous pouvez par contre me dire « j'ai besoin d'aide » ou « j'ai besoin d'idées ». Dans ces cas-là, ça va me faire plaisir de vous guider !

Il a une voix très rassurante. Tous les élèves l'écoutent attentivement.

— J'imagine que vous commencez tous à vous connaître un peu, mais j'ai envie de pousser plus loin ! Vous avez tous reçu une feuille blanche. Je veux que vous vous présentiez en dessin sur cette feuille. Dessinez-moi vos passions, vos peurs, vos émotions, vos rêves, tout ce qui vous décrit ! Vous pouvez chuchoter, à condition de travailler, puis je ramasse les dessins à la fin du cours. C'est parti !

DESSINER !!! Ça me rend tellement heureuse ! C'est le meilleur cours *ever* ! Toute contente, je sors mon crayon à mine pour commencer à tracer des formes. Je décide de me placer au centre de la feuille tenant un cadre qui contourne mon visage et mes épaules dans mes mains. Sur mon chandail, j'ajoute des taches de peinture et une poche avec un pinceau à l'intérieur. Dans le bas de la feuille, je dessine des tulipes, mes fleurs préférées et derrière moi, un soleil couchant. J'ajoute les membres de ma famille en bonhommes allumettes assis sur le cadre. C'est plus rapide et j'aime bien mélanger plusieurs techniques. Si je dessinais tout ce que j'aime pour vrai, Justin serait dans mon dessin. J'arrête pas de penser à lui. Encore ce matin, il m'a souri quand je suis arrivée à mon casier. Je me demande ce que ça veut dire !

Eddie s'exclame en face de moi :

— C'est ben beau ce que tu fais !

— Merci, c'est gentil !

Je suis un peu gênée parce que ça attire l'attention des autres gars. Andrew hoche la tête et pince la bouche pour montrer son admiration alors que Xavier, lui, me dit :

— Ouin, c'est pas pire !

— Pas pire ?

— Ben j'ai déjà vu mieux, là !

— OK... ?

Il pointe mes bras et ajoute :

— Je savais pas que t'étais autant poilue des avant-bras. T'es comme un singe !

Je le fixe dans les yeux sans rien dire. Qu'est-ce qu'il essaie de faire, lui ? Me décourager ? Me créer des complexes ? Est-ce qu'il est jaloux ? Papa m'a toujours dit d'ignorer les commentaires méchants. Même si c'est dur et que je voudrais l'envoyer promener, je l'ignore. Je recommence à dessiner. Il rigole un peu pour attirer mon attention, mais je continue de faire comme s'il n'existait pas. Monsieur Lepage apparaît au même moment en s'exclamant :

— WOW ! C'est bien original ce que tu fais ! Le cadre ajoute un bel effet de profondeur ! J'adore la composition de ton œuvre ! Continue comme ça !

Je sens Xavier se redresser sur sa chaise alors que monsieur Lepage le contourne pour mieux voir son dessin.

— Pis toi, ça ressemble à quoi ?

— Euh… j'ai commencé par la tête, mais elle était croche, alors j'ai effacé…

— Je vois… Si je peux te donner un conseil, utilise ta colle pour tracer un cercle. Pour commencer à pratiquer la forme d'un visage, ça peut être bien quand on n'est pas habitué à dessiner et si jamais, t'as des gens bien talentueux à ta table…

Il me regarde en souriant.

— … tu peux toujours demander de l'aide pour la base !

Il quitte en regardant les travaux des autres en souriant. Je sais que je ne devrais pas, mais c'est plus fort que moi. Je me retourne vers Xavier et je lui fais le plus grand des sourires. Clairement, il sait que je me moque, car il se lève brusquement en soupirant.

— Je vais aiguiser mon crayon…

— Ouais, fais donc ça !

Emma passe me voir alors que je m'apprête à colorier le fond de mon dessin.

— Emy ! T'es trop bonne, wow ! Regarde le mien !

Elle a dessiné sa famille. Derrière, il y a plusieurs petits éléments qui flottent dans l'espace. Un livre, un ourson en peluche, un vélo et un drapeau de la Chine. Elle m'a confié au début de la semaine qu'elle avait été adoptée toute petite et qu'un de ses rêves, c'est d'aller visiter son pays d'origine.

— Ça te représente tellement, Emma, c'est magnifique ! As-tu terminé ?

— Je pense bien, je sais pas quoi rajouter...

— Si j'étais toi, je rajouterais une ligne d'horizon, comme ça, ta famille n'aurait pas l'air de flotter dans le vide. Qu'est-ce que tu en penses ?

— T'as raison ! En plus, j'ai ma règle dans mon sac !

Je termine de colorier mon dernier rayon de soleil quand la cloche sonne. Monsieur Lepage nous invite à venir lui porter les dessins. Je ramasse mon matériel, j'avance vers son bureau et je lui tends ma création. En le prenant, il sourit et s'exclame :

— Un VRAI chef-d'œuvre, ça ! Bravo ! On s'en reparle au prochain cours !

Chapitre 9

Le jour du camp

J'ai pu dormir 30 minutes de plus ce matin parce que maman a accepté de venir me porter à l'école. Mon groupe part 20 minutes après le début des cours pour se rendre au camp Alpha, là où je vais passer les trois prochains jours pour « apprendre à connaître mes camarades » et « tisser des liens ». Je trouve ça drôle que le camp se déroule deux semaines après le début des cours. Je me suis déjà fait des amis pendant ce temps-là. En même temps, je ne chialerai pas, ça nous fait manquer trois jours d'école complets ! Pis en plus, on peut s'habiller comme on veut pour le camp ! Ça va être le *fun* !

J'ai particulièrement hâte parce que je sais que Justin va au même camp que moi. Roxanne me l'a confirmé hier au dîner. Puisqu'on est dix groupes de secondaires 1 et qu'il n'y avait pas assez de place pour tout le monde à un endroit, les organisateurs n'ont pas eu le choix de séparer les groupes dans deux camps différents. C'est pour ça que

Carla et Cath ne seront pas avec nous. Elles vont à l'autre, le camp Phénix.

Je commence à m'habituer au secondaire. C'est sûr que je me sens encore un peu étouffée par toutes les exigences des profs, mais au moins, j'ai le cours d'arts plastiques qui me rend heureuse chaque fois. Monsieur Lepage a montré mon dessin de présentation à tout le monde en disant qu'il le trouvait exceptionnel. Il l'a même montré en exemple aux autres classes pour les aider dans leur création. Je le sais parce que Cath me l'a dit. Pis il semble toujours super curieux de voir ce que j'ai fait.

Là, on est en train de créer notre pochette portfolio. On a trois cours pour le terminer, mais moi, j'ai presque déjà terminé. On devait tracer et découper les lettres de notre nom pour en faire un pochoir. Une fois terminé, on le plaçait sur un gros carton blanc et, avec une éponge, on devait peindre l'intérieur. J'ai décidé de dessiner les lettres de mon nom avec des flammes et de les peindre en rouge et orange. C'est super beau ! Il me reste seulement les détails à faire, et le tour est joué.

Je vois mon école au bout de la rue. On arrive bientôt. Je repasse dans ma tête tout ce que j'ai mis dans mon sac : brosse à dents, imperméable, bottes de pluie, chaussures de sport, shorts, pantalons, chandails, petites culottes, bas, crème solaire… Et c'est ça ! Je pense que j'ai tout. On entre dans le stationnement de l'école et ma mère arrête la voiture devant l'entrée des élèves. Je prends mon sac sur le banc arrière et j'ouvre la porte.

— Bye, m'man ! Merci pour le *lift* !

Je vois qu'elle défait sa ceinture de sécurité et qu'elle s'apprête à sortir de la voiture. Je crie :

— NON !

Elle s'arrête et me regarde.

— Qu'est-ce qu'il y a ?

— Ben je sais où aller maman, t'as pas besoin de sortir de la voiture !

— Je veux aller saluer tes profs 2 minutes !

— NON ! Euh… ils sont occupés, ils ont plus de 200 élèves à gérer !

— Ben là, ils vont faire du temps pour ta mère !

L'affaire avec ma mère, c'est qu'elle comprend pas les messages… même quand c'est PLUS qu'évident.

— Maman, ça me gêne ! Je préfère que tu restes dans la voiture ! Mais… merci pour le *lift,* c'est *full* gentil !

— Ah ! je vois ! T'as honte de ta mère !

— Noooooon, juste je…

— C'est bon, je ne sortirai pas ! Bye ! Amuse-toi !

— Merci, merci, merci !

Elle s'éloigne en voiture et je commence à marcher vers les autobus. Je remarque madame Boucher, qui est habillée en rouge de la tête au pied. Même sa petite valise est rouge ! Elle semble guider les élèves vers leur autobus pour le camp en pointant le devant de ceux-ci. En regardant, je vois que les numéros de groupes sont clairement identifiés : 105, 106, 107... Ah ! 108 ! Je suis dans celui-là. Le groupe 107 est avec nous aussi ! Mais c'est le groupe de Roxanne, Inès et JUSTIN, ça ! Mon cœur commence à débattre. Je suis tout excitée.

J'approche et je vois le chauffeur prendre les sacs des élèves et les ranger dans le compartiment à bagages sous l'autobus. Je me dirige vers lui et lui tends mon sac. Il le prend et le lance sans hésitation avec les autres. Je fais quelques pas et je grimpe les escaliers du bus. Emma est déjà dans l'autobus et parle avec d'autres amis de notre classe. En longeant l'allée, je regarde de tous les côtés à la recherche de Justin. Il n'est pas encore là. Je m'assois avec Emma et commence à parler avec les autres tout en gardant un œil sur l'entrée.

10 minutes s'écoulent et il n'est toujours pas arrivé. Madame Boucher entre dans l'autobus accompagnée de monsieur Fisher, le prof d'orientation du groupe 107, et commence à prendre les

présences. Les élèves lèvent leur main quand ils sont appelés. Tout le monde est arrivé dans notre groupe alors monsieur Fisher commence à prendre les présences de son groupe. Au même moment, Justin apparaît dans l'autobus, les joues toutes rouges.

— Scusez, ma mère n'avait pas mis son alarme ce matin !

— T'es là maintenant, c'est ce qui compte, va t'asseoir !

Il longe l'allée et vient s'asseoir sur un banc en avant en diagonale de moi. Roxanne me lance un regard complice voyant qu'il est assis proche de moi. Jusqu'à présent, c'est la seule personne au courant de mon *crush* pour lui. J'en ai même pas encore parlé à Emma.

Justin est tellement *cute* dans ses vêtements de tous les jours. On dirait que de le voir sans son uniforme, ça m'aide à mieux le connaître. Je suis aussi soulagée qu'il s'habille bien. Il porte un jean bleu et un t-shirt blanc. C'est tout simple, mais super stylé.

L'autobus se met en route et Emma me propose l'un de ses écouteurs pour écouter de la musique. J'accepte, même si au fond, j'aimerais beaucoup plus que Justin se tourne pour me parler. Je vais jouer l'indifférente et si jamais un moment se présente, je tenterai ma chance !

Chapitre 10

Donne-moi ton Snap !

Monsieur Boucher vient de nous annoncer qu'il reste 20 minutes de trajet de bus et je n'ai toujours pas parlé à Justin. Il ne s'est même pas retourné une seule fois. Depuis tout à l'heure, je joue avec Emma au tic-tac-toe dans mon cahier de dessins en écoutant sa musique. Elle aime bien le country, c'est ce qui joue depuis une heure. Je l'ai battu deux fois et elle quatre, mais en même temps, je suis un peu préoccupée en ce moment. JUSTIN NE M'A PAS PARLÉ ! Il faut vraiment que j'attire son attention, mais comment ? Je ne peux pas juste lui taper l'épaule et commencer la conversation comme ça. Ce serait trop gênant ! En plus, Xavier est assis avec lui, c'est sûr qu'il va encore m'agacer.

— Emy ! C'est à toi !

— Ah oui ! Scuse…

Je place un X au centre du dièse. Je ramène mon crayon près de moi et

POUF ! J'ai une idée ! Et si j'échappais mon crayon en dessous de son siège ? J'aurais une bonne raison d'entrer en contact avec lui. C'est du génie ! Mais comment le faire subtilement sans qu'Emma remarque ? Est-ce que j'attends que l'autobus roule sur une bosse ? Ah, pis non, je le fais !

Je lève mon crayon comme si je voulais me gratter la joue et je lui donne un petit élan pour qu'il revole dans la direction de Justin. À ma grande surprise, je suis beaucoup plus forte que je ne le pensais parce que le crayon atterrit directement sur sa tête. Il sursaute et se retourne vers moi.

— Toi, t'as le don de m'accrocher tout le temps !

— Scuseeee… Il a comme glissé de mes mains, j'ai pas fait exprès !

— Ouais, ouais !

Emma a remarqué qu'il se passe quelque chose parce que je la sens nous regarder. Justin sourit et cherche du regard mon crayon. Il le ramasse sous le banc devant lui et me le donne.

— Tiens ! Le crayon c'est dans la main, pas dans les airs !

— Euh, oui… merci !

— Salut, moi c'est Emma !

Je me tourne vers ma voisine de banc. Je ne m'attendais pas à ce qu'elle vienne s'inclure à notre conversation comme ça !

— Allô ! Justin !

Elle passe son bras devant moi pour lui tendre la main. J'observe. Il lui tend la sienne et ils se serrent la main. Depuis quand on serre la main quand on rencontre quelqu'un ? Y'a juste mon père qui fait ça !

— T'es l'amie d'Emy ?

— Ouais !

— *Cool* !

— T'as Snapchat ?

QUOI ? Elle est pas gênée, elle ? Est-ce qu'il l'intéresse aussi ou elle lui parle juste pour être gentille ?

— Ouais, vous ?

— Mon nom c'est Emmabg2010, tu m'ajouteras !

— Ben, tiens !

Il sort son téléphone de sa poche, l'ouvre, clique sur l'application et lui donne.

— Rentre-le toi-même parce que j'ai une mémoire de poisson rouge !

Il a son cell sur lui, trop *cool* ! Mes parents ne me laissent jamais l'emporter avec moi, ils ne sont pas vraiment du genre papa et maman poules. J'ai dû les supplier d'en avoir un pour utiliser TikTok et Snapchat. Après mille et une demandes, ma mère a cédé (elle cède toujours en premier) et m'a donné son vieil iPhone.

— Emy ! Tu rentreras le tien aussi !

OMG, OMG ! Il veut le mien aussi ! Je prends le téléphone des mains d'Emma et j'entre mon nom d'utilisateur.

— Ouais OK… C'est emydanslalune !

— *Cute* !

Madame Boucher se lève et annonce qu'on est arrivés. Justin se retourne pour écouter. Je ne lui ai pas beaucoup parlé, mais maintenant, j'ai son SNAPCHAT! *OMG*! Dès que j'arrive chez moi, je vais l'ajouter à mes amis! J'espère tellement qu'il va m'écrire!

Je regarde dehors et j'aperçois l'enseigne du camp en bois accroché à une arche, et plus loin derrière se trouve un gros bâtiment faisant face à plusieurs petites maisons. Y'a des arbres à perte de vue et on peut apercevoir une plage sur le bord du lac. Des canots et des kayaks sont accrochés à des supports, puis des tubes sont superposés dans un poteau. Je ne suis pas *fan* de la forêt, mais l'eau, par exemple, j'aime ça ! J'espère vraiment qu'on va pouvoir utiliser les embarcations aquatiques !

L'autobus traverse l'arche et ralentit devant la plus grande cabine. Madame Boucher commence à nous expliquer le déroulement de la matinée. Deux étapes faciles ! D'abord, en sortant de l'autobus, on doit se placer en rang devant elle pour qu'elle nous guide jusqu'à nos dortoirs pour les deux prochaines nuits. Ensuite, c'est l'heure du dîner à la cafétéria du camp.

— Mon groupe, le 108 ! On se lève et on vient me rejoindre dehors.

Je ramasse mes affaires, je les mets dans mon sac et je me lève. Emma fait pareil et me suit. Je regarde Justin en passant à côté de lui, mais il est en train de parler avec Xavier. Je descends et je marche vers la prof. J'en profite pour questionner Emma à voix basse sur ce qui vient de se passer pendant que les autres arrivent.

— Tu le trouves de ton goût, Justin ?

— Y'est *cute I guess*, mais c'est pas mon genre, c'est le tien, Emy !

— Quoi ?

— Je sais que tu *crush* dessus, Roxanne me l'a dit avant-hier sans faire exprès…

— Tu le sais depuis deux jours pis tu m'as rien dit !

— Elle m'a fait promettre de ne rien dire parce qu'elle avait peur que tu sois fâchée !

— Ben je suis pas fâchée là, c'est juste que c'est le premier gars qui me fait quelque chose, ça me gêne…

— Sois pas gênée !

— Mais pourquoi tu lui as demandé son Snap ?

— Ben pour t'aider, tu ne l'aurais pas fait sinon !

— Ouin…

— Si tu me promets de le dire à personne, je te dis un secret !

— Je ne le dirai pas !

— Moi j'ai un *crush* sur Xavier !

Ma face ne ment jamais et Emma voit tout de suite que je ne partage pas du tout son enthousiasme pour son *crush*.

— Xavier ? Qu'est-ce que tu lui trouves ?

— J'aime son côté rebelle…

— Ah ouais, super, super rebelle, ce Xavier…

Elle sent mon sarcasme, mais continue.

— Et en plus, vu que Justin a mon Snap et qu'ils sont amis, peut-être qu'il va lui donner !

J'avais pas vu ça comme ça ! Elle a l'air bien fière de son coup.

— Ben, je te le souhaite !

Chapitre 11

Kayak double

Je suis pleine. On nous a servi une tellement grosse portion de macaroni au fromage pour le dîner que j'ai de la misère à avancer. Par contre, je ne laisserai rien m'arrêter parce que le guide du groupe, Alibaba, nous amène faire une activité « vraiment *cool* », selon ses dires. Il est devant le rang et madame Boucher est à l'arrière pour s'assurer qu'on écoute bien. Elle semble dans la lune aujourd'hui. Peut-être parce que, pour une fois, ce n'est pas elle qui anime.

Au bout du chemin de terre qu'on longe, j'aperçois la plage et les kayaks ! *OMG* ! On va faire du kayak ! Je me sens déjà plus énergique ! On en fait souvent avec mon père l'été et je me trouve super bonne. Même le ventre plein, je gage que je vais plus vite que plusieurs de mes amis.

Alibaba s'arrête devant les kayaks doubles et nous demande de se placer devant lui pour qu'il puisse nous expliquer le fonctionnement de l'activité. Je tire Emma par le bras et l'amène à l'avant du groupe. Je veux écouter attentivement les directives. Je me dis que peut-être que j'aurai le droit de choisir mon kayak en premier si je suis plus proche.

— Alors, *gang* ! Il y a dix kayaks doubles et dix kayaks simples. Je décide quel kayak vous aurez et je vous prie de rester respectueux dans l'éventualité où vous n'obtenez pas votre premier choix. Avant toute chose, à main levée, qui a déjà fait du kayak ?

Je lève ma main rapidement et je me vois presque sautiller pour attirer l'attention du guide. Peut-être qu'il me donnera un kayak simple vu que j'en ai déjà fait ! Je regarde autour de moi et je réalise que je suis loin d'être la seule à en avoir fait. Une douzaine d'élèves dans ma classe ont aussi la main levée. Zut ! Alibaba jette un coup d'œil et commence à pointer des élèves.

— Les élèves que je pointe, vous allez vous mettre en équipe avec une personne qui n'a pas levé la main et vous placer à côté des kayaks doubles, ici. Vous pourrez *coacher* votre coéquipier. Ça va me permettre de mieux accompagner les amateurs sur les kayaks simples.

En entendant cette mauvaise annonce, je tente maladroitement de me cacher derrière Emma, qui elle n'a pas levé la main, pour ne pas être choisie. Je recule sur une roche qui me fait perdre l'équilibre. En l'espace d'un instant, je me trouve au sol, les fesses dans le sable, et tout le monde se met à rire, surtout Xavier. Il se prend le ventre tellement il rit et me pointe du doigt. Je fais comme si je ne l'avais pas vu et je me redresse maladroitement. Le guide arrive près de moi, un peu amusé.

— T'es OK?

— Oui, oui!

— *Good,* trouve-toi un partenaire, je te donne un kayak double!

NONNN! Si seulement j'avais regardé où je mettais les pieds! C'était dur de me manquer après cette chute tellement MALAISANTE! J'entends encore Xavier rire en arrière de moi. Il lâche jamais le morceau, lui! Emma se tourne vers moi, le sourire jusqu'aux dents.

— Yé ! On se met ensemble ?

— Oui, ça va être le *fun* !

Je suis déçue, mais ce n'est pas la fin du monde, et je compte avoir du plaisir quoi qu'il arrive. C'est pas tous les jours qu'on manque de l'école pour faire du kayak !

Alibaba termine d'assigner les embarcations et nous montre comment les soulever de leur support, les transporter et les déposer sur l'eau. Il procède aussi à une démonstration, une très LONGUE démonstration. Chaque fois qu'un guide ou un prof explique quelque chose, ça prend toujours mille ans. Il tourne en rond et répète toujours la même affaire. J'avoue que cette fois-ci, je suis plus impatiente qu'à l'habitude parce que j'ai vraiment hâte qu'on commence.

Après deux ou trois exemples de suite, il termine enfin son *speech* et nous donne le droit d'aller chercher nos bateaux et de commencer l'activité. Je me rue sur le kayak mauve parce que c'est le plus beau et je fais signe à Emma de me rejoindre. On se montre super efficaces ! En 3 minutes, on est déjà dans l'eau, nos vestes de sauvetage sur le dos, en train de pagayer. Je me suis mise à l'arrière et je lui ai laissé la place à l'avant pour pouvoir mieux la voir et l'aider si jamais elle en a besoin. Au début, elle ne comprend pas trop le concept d'alterner les coups, mais rapidement, elle prend le rythme.

— On est bonnes, je trouve !

— Oui ! T'apprends vite !

— Eille ! Tu sais pas quoi ?

— Quoi ?

— Xavier m'a ajoutée sur Snap !

Elle commence à faire une danse de la joie en levant sa pagaie au ciel.

— Emma ! Attention ! Faut pas chavirer !

— Oups ! Scuse !

Une chance qu'elle ne voit pas ma face parce qu'elle n'est pas très enjouée. Je comprendrai jamais son *crush* pour

Xavier, JAMAIS ! Pour ne pas qu'elle se retourne et remarque mon indifférence, je réponds :

— *Cool* ! T'avais raison, Justin lui a donné !

— Oui ! Penses-tu que ça veut dire de quoi ? Genre penses-tu qu'il serait intéressé à moi ?

En parlant du loup, Xavier et Eddie arrivent à toute vitesse vers nous et foncent sur le nez de notre kayak avec le leur. Emma crie avec tout l'air de ses poumons. En voyant que c'est Xavier, elle s'arrête et commence à rire. Xavier semble se trouver particulièrement drôle. Bravo ! Il a failli nous faire chavirer et monsieur trouve ça drôle.

— Yo les filles ! On fait une course ?

Je réponds sèchement.

— Non !

— Ahhhh, t'es plate ! *Come on* ! Alexia pis Indiana ont dit oui, elles !

— Moi ça me tente ! Allez Emy !

C'est sûr que ça tente à Emma ! Je ne sais pas quoi dire ou quoi faire. Je veux faire plaisir à Emma, mais en même temps… Je croise le regard d'Eddie et je sais qu'il sait que Xavier me tape sur les nerfs. Il ajoute avec un gentil sourire une excuse de plus pour qu'on participe.

— On va être quatre! Dave pis Saïdou aussi la font avec nous!

Eddie, je le trouve fin! Je ne sais pas pourquoi il est ami avec Xavier. Je flanche.

— OK! Mais juste une course!

Les gars nous font signe de les suivre jusqu'au quai au milieu du lac. Les autres filles et les autres garçons nous attendent déjà là-bas. On se place tous parallèles les uns aux autres et Xavier s'assure que notre guide a le dos tourné pour commencer la course. Il est plus loin, montrant à des débutants comment pagayer. La voie est libre! Saïdou se porte volontaire pour faire le décompte.

— 3, 2, 1, *GO*!

Les quatre équipes partent en même temps. Dave et Saïdou prennent de l'avance et les autres filles prennent du retard. On est côte à côte avec Eddie et Xavier. Je vois qu'Emma se donne, elle pagaie super vite! Elle doit vouloir impressionner son *crush*. Lui, de son côté, nous regarde du coin de l'œil et commence à s'énerver. Tellement, qu'il tente de pousser notre embarcation avec sa pagaie. J'ai le réflexe de contrer son attaque. Nos pagaies s'accrochent ensemble. Stressée, je tire vers moi. D'un coup, leur kayak chavire au ralenti comme dans un film. Eddie tente d'éviter le mouvement, mais il est trop tard. Les deux tombent à l'eau. Xavier commence à crier. Eddie, lui, garde son calme et tente de retourner le kayak pour que celui-ci ne coule pas.

— Xavier ! Aide-moi à retourner le kayak !

— L'eau ! AH ! c'est froid !

Au même moment, Alibaba arrive à toute vitesse pour venir les aider. Madame Boucher, elle, pagaie doucement derrière. Elle n'a pas l'air stressée. Xavier, lui, me fusille du regard.

— C'est de TA faute !

Chapitre 12

Autour du feu

J'ai mis mon *hoodie* préféré sur lequel j'ai peint plusieurs fleurs avec de la peinture à tissus l'été dernier. Il est super beau, mais surtout super chaud. La température est plus froide ce soir, j'ai bien fait de l'apporter. Je souhaite aussi secrètement que Justin le remarque quand il va arriver au feu, s'il vient. Je me croise les doigts.

Les guides du camp ont organisé une soirée d'épouvante pour les élèves qui le désirent. Ils vont raconter des histoires de peur pour nous donner la frousse. Je ne suis pas *fan* de films d'horreur, normalement. Arie essayait toujours de m'en faire écouter l'année passée, même si j'arrêtais pas de lui dire que je ne voulais pas. Elle était déterminée en tout cas, on peut lui donner ça ! J'imagine pas le genre d'histoires qu'ils vont nous raconter. On est quand même juste en secondaire 1. Les profs ne seraient pas d'accord... ben, je pense. Personnellement, je suis venue pour les guimauves... et Justin ! Il est où ?

Au moment où je me pose cette question, je le vois sortir du chemin qui mène au feu avec Eddie, Andrew, Saïdou pis un autre gars dont j'ignore le nom. Il ne me voit pas, mais il marche dans ma direction. Je commence à jaser avec Roxanne et Inès qui sont assises à côté de moi pour avoir l'air occupée. Je sens du mouvement à côté de moi. Ils doivent avoir pris les places libres. Je me retourne subtilement pour voir. Zut! C'est Eddie! Justin est trois places plus loin. Il ne me verra pas! Eddie, lui, par contre, me voit!

— Allô, Emy!

— Ah! salut, Eddie! Vous avez décidé de venir, finalement?

— Ouais, ça peut être amusant. J'adore les films d'horreur fait que je me dis que je vais aimer ça.

— Xavier est pas venu avec vous ?

— Non, haha ! Il n'arrête pas de se plaindre depuis qu'on est revenus du kayak. Il dit qu'il s'est fait mal à l'épaule en tombant. Pis ils se mouche tout le temps.

— Mal à l'épaule ? Vous êtes tellement tombés au ralenti, comment c'est possible ? Haha !

— Je me demande la même chose…

Il se rapproche de moi et me dit quelque chose en chuchotant.

— Selon moi, il a trop honte de notre chute légendaire... Il veut pas se montrer la face, il cherche des excuses !

— Ça doit être ça, haha !

Bam Bam, le collègue d'Alibaba, prend la parole.

— *Gang* ! Si vous êtes ici, c'est parce que vous n'êtes pas peureux ! Alibaba et moi, on va s'alterner l'histoire qui, je tiens à dire, est une histoire vraie ! Elle s'est bel et bien déroulée dans cette forêt à l'ouverture du camp en 1982. On va vous demander de rester silencieux pour faciliter les choses. Si vous avez des questions, vous pouvez toujours lever la main ! *Good* ?

Les élèves font tous signe qu'ils ont bien compris. Alibaba commence l'histoire. Il change sa voix et lui donne un air mystérieux. Il commence avec le fameux « il était une fois », un classique.

— Il était une fois, en 1982, trois jeunes animateurs du Camp Alpha. C'était leur première job d'été et ils voulaient tous faire leurs preuves et impressionner le *boss*.

Je ne comprends pas où il s'en va avec ça. C'est pas trop épeurant, ça !

— Ils se proposaient toujours pour faire les tâches que personne ne voulait faire. Un jour, l'un d'entre eux se fit donner la mission d'aller chercher du bois dans la remise juste derrière vous, là !

Tout le monde se retourne. Eh oui, la remise est toujours là, mais elle a l'air de tomber en ruine. Roxanne est sur le bout de son banc, captivée par l'histoire, tandis qu'Inès cache déjà la moitié de son visage avec son *hoodie*. Bam Bam prend la relève.

— Après 30 minutes, Gustave, l'animateur chargé du bois, n'était toujours pas revenu. Quelques animateurs accompagnés de deux ou trois jeunes sont allés voir s'il avait besoin d'aide. Rendus sur place, ils ont constaté qu'il n'y avait personne. MAIS ! Des bûches de bois étaient étalées au sol comme si quelqu'un les avait échappées.

À ce moment- là, Inès lance un cri strident. Tout le monde se vire vers elle, incluant Justin. Nos regards se croisent puisque je suis assis à côté d'elle. Il me sourit. Pendant cet instant, j'arrête d'écouter l'histoire. Il me salue de la main et tourne la tête vers l'animateur.

— Une campeuse part en courant et en criant : « Je l'ai vu, je l'ai vu, la dame en blanc ! »

J'ai manqué un bout, mais je commence à me sentir inconfortable. Je regarde subtilement entre les arbres, j'ai l'impression que quelqu'un nous observe. Je ne vois rien, c'est tout sombre. Même le grand feu n'éclaire pas assez. Inès se lève d'un coup !

— J'ai peur, je peux plus écouter, monsieur !

— Bon, ben, tu peux retourner aux dortoirs sans problème.

— Euh… est-ce qu'il y a quelqu'un qui peut me raccompagner ?

J'irais bien avec elle, mais je veux rester avec Justin, moi. Eddie se lève et lui propose de le faire. Je la vois hésiter, mais puisque personne d'autre ne s'est porté volontaire, elle accepte. Les deux partent ensemble et disparaissent dans le chemin menant aux dortoirs. Bam Bam s'apprête à recommencer, quand Justin vient s'asseoir directement à côté de moi ! Mon cœur palpite. Qu'est-ce que ça veut dire ? Il me regarde pas, il écoute l'histoire, mais il est quand même À CÔTÉ de moi !

— Quand tout à coup, elle entend la respiration saccadée de quelqu'un derrière elle. L'air qu'elle sent dans son dos est froid. Sa collègue sort de la forêt et elle peut aussitôt voir l'expression de son visage changer, elle devient blême…

Justin est à côté de moi, montre que t'as pas peur, Emy. T'es pas peureuse, t'as pas peur !

— … elle se retourne et la voit. La dame en blanc, les yeux en sang…

— AHHHHHHHH ! ! ! ! ! ! !

C'est moi, je viens de crier. J'ai encore les yeux fermés de peur. Je sens une pression sur mon avant-bras. Est-ce que c'est la dame en blanc, là pour m'emporter ?

Je les ouvre tranquillement. C'est la main de Justin ! Il me regarde avec le sourire en coin. Instantanément, je me sens mieux.

— T'es correcte ?

— Oui, oui… Je pensais avoir vu un… un maringouin !

— C'est vrai qu'ils font peur, eux… *nice* ton *hoodie, by the way* !

— Merci !

OMG ! Il l'a remarqué ! Il se détache de mon avant-bras et se remet à écouter. À partir de ce moment-là, j'arrête d'être attentive à l'histoire et je repasse en boucle dans ma tête la scène qui vient de se produire. Justin est là pour me protéger des fantômes et des dames en blanc, tout va bien.

Chapitre 13

Rencontre secrète

Je viens d'engloutir la dernière bouchée de mon pâté chinois. Y'était pas pire, mais bien moins bon que celui de mon père. Les jours où il décide de cuisiner autre chose que des sautés, j'avoue que j'aime sa cuisine. Je me sens fatiguée de ma journée. Ce matin, on a fait de l'escalade. Puis, cet après-midi, on a tiré à l'arc et fait une randonnée en forêt qui m'a semblé i-n-t-e-r-m-i-n-a-b-l-e! Les randonnées, c'est PAS pour moi. Je me tue à l'expliquer à mon père, mais chaque fois, il m'oblige à participer ou il m'achète avec un sac de popcorn ou une crème glacée.

Je suis aussi brûlée parce que, la nuit dernière, je n'ai presque pas fermé l'œil. Je n'arrêtais pas de penser à mon moment avec Justin autour du feu. Je l'ai croisé une seule fois aujourd'hui, mais il était loin, je pense pas qu'il m'ait vu. Et là, il me tourne le dos trois tables plus loin. Ces amis et lui rigolent et crient depuis tout à l'heure, je me demande de quoi ils parlent. Je comprends tellement mieux Arie maintenant que j'ai un *crush* aussi. Je la trouvais énervante quand elle parlait des gars et maintenant, me voilà à ne penser qu'à ça ! En parlant d'Arie, on ne s'est pas beaucoup parlé depuis le début du secondaire. Je devrais peut-être l'appeler à mon retour du camp...

— Emy !

Emma, qui était partie se chercher un dessert, revient s'asseoir à côté de moi et s'approche de mon oreille pour me dire un secret.

— Je viens de parler à Xavier...

Xavier qui n'ose toujours pas me regarder depuis hier. Eddie doit avoir raison, il a honte.

— … il m'a dit de venir dans sa chambre quand les profs vont aller se coucher avec quelques amis pour *chiller* ! On y va ! *Please, please, please* !

— Emma, on n'a pas le droit ! Imagine si on se fait prendre !

— Inès et Roxanne viennent, elles !

— Je sais pas, sérieux…

— Justin est dans la même chambre que luiiiii !

Elle vient de me sortir l'excuse béton que j'avais besoin d'entendre pour me pousser à enfreindre les règles. Je commence déjà à être stressée parce que je sais que si les profs s'en rendent compte, on va se faire donner une semaine de retenue MINIMUM! C'est sûr! Mais, en même temps, je ne peux pas passer à côté de la chance de me rapprocher de Justin.

— OK! MAIS! On reste pas longtemps!

— Oui, oui! Xavier m'a dit qu'il allait me Snap quand les lumières vont s'éteindre dans la chambre de monsieur Fisher et de monsieur Plante! On pourra aller les rejoindre!

Je commence à me mordiller l'intérieur des joues. Je fais ça quand je suis stressée. J'essaie de me calmer en repensant à hier, à Justin...

Une fois le souper terminé, les profs nous accompagnent à nos dortoirs respectifs. Ils nous allouent une heure environ pour prendre nos douches, brosser nos dents et jaser un peu dans la salle commune avant d'éteindre les lumières. J'ai l'impression que c'est l'heure la plus longue de tous les temps. J'ai pris ma douche, j'ai brossé mes dents au moins trois fois et j'ai joué deux parties de *Pige dans le lac* avec Emma et Joyce, une autre fille de mon groupe avec qui je partage ma chambre. Je ne suis tellement pas concentrée. Chaque fois, elles doivent me rappeler que c'est mon tour. Ce n'est pas de ma faute, j'arrête pas de penser à notre escapade nocturne de ce soir.

Madame Boucher sort de sa chambre et déclare qu'il est l'heure d'aller se coucher. On rentre dans nos chambres respectives, on éteint les lumières et on saute dans nos lits. Joyce tombe endormie en 3,2 secondes tandis qu'Emma et moi combattons le sommeil jusqu'à ce que Xavier la texte.

45 minutes plus tard, elle reçoit enfin le texto tant attendu. Le champ est libre et on peut enfin aller rejoindre Justin! Euhhh, je veux dire, les autres…

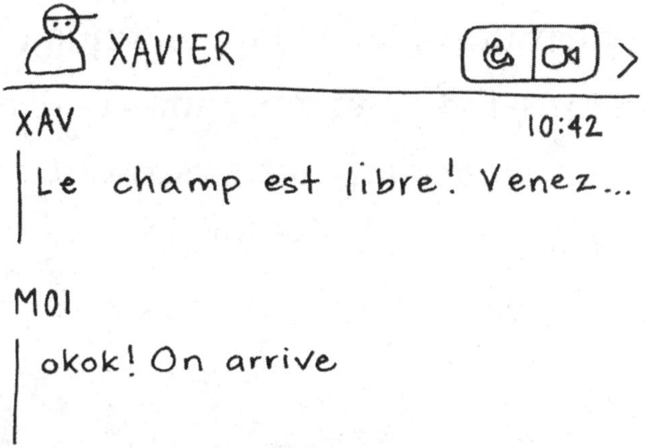

Emma et moi sortons du lit en silence pour ne pas réveiller Joyce, et on ouvre doucement la porte de notre chambre. Il n'y a pas de lumière dans la chambre de madame Boucher et de madame Duplantie non plus, elles doivent dormir ! C'est parfait.

On longe le corridor et on pousse avec délicatesse la porte menant à l'escalier. La chambre des gars est au deuxième étage. On grimpe les marches à pas de souris. Arrivées en haut, on traverse de nouveau une autre porte sans faire de bruit. Si quelqu'un entendait un bruit, ce serait sûrement mon cœur qui joue du *drum* dans ma poitrine en ce moment à cause du stress. On compte trois portes à droite à partir de la cage d'escalier. 1, 2, 3, on tourne la poignée, on entre, et voilà, on y est !

Xavier, Eddie, Dave et, le plus important, Justin, tiennent leur cellulaire dans leur main pour faire de la lumière. Alexia et Indiana sont aussi là, mais aucun signe de Roxanne et Inès. Ils se retournent tous vers nous par peur de voir des adultes. En nous voyant, ils se calment. Ils sont assis en cercle par terre, et au centre du cercle se trouve une bouteille d'eau.

— Non, pas elle !

Xavier vient de me remarquer et il semble fâché de me voir. Eddie se tourne vers lui.

— Chuchote, *man,* faut pas qu'ils nous entendent, pis elle peut pas partir maintenant, on risque de se faire prendre, déjà que c'est pas trop *legit* ce qu'on fait !

— Ouin… ben *go,* là, venez vous asseoir !

Je m'assois en face de Justin parce qu'Indiana et Alexia sont déjà toutes les deux assises à côté de lui.

— On joue à la bouteille *live,* Dave vient d'embrasser Alexia, fait que c'est au tour d'Emma, tiens !

La bouteille, c'est quoi ça ? Embrasser ? Qui ? Quand ? Je comprends pas ?

Emma s'avance sans hésitation et fait tourner la bouteille avec sa main droite.

Tout le monde attend de voir qui elle va pointer. Elle s'arrête sur… Xavier!

— Faut s'embrasser, haha!

Xavier ricane. Je sais pas s'il veut faire son dur ou s'il est vraiment si confiant que ça…

— Ben ouais, *go*!

Emma s'avance sans aucune hésitation. Xavier, qui est en diagonale d'elle, se tourne légèrement et vient la rejoindre au centre du cercle. Ils se donnent un bec sec et reviennent à leur place.

— C'est comme ça qu'on fait ça, haha!

Même avec le peu de lumière qu'il y a, je peux voir Emma rougir légèrement. Je suis surprise qu'elle n'ait pas répondu au commentaire de Xavier... Celui-ci, justement, me pointe la bouteille en souriant.

— C'est à toi!

— Je suis sûre qu'il y a d'autres personnes qui l'ont pas fait avant moi...

— T'es pas *game,* c'est ça?

— C'est pas ça, juste je...

— Pourquoi on l'a invitée, elle, déjà?

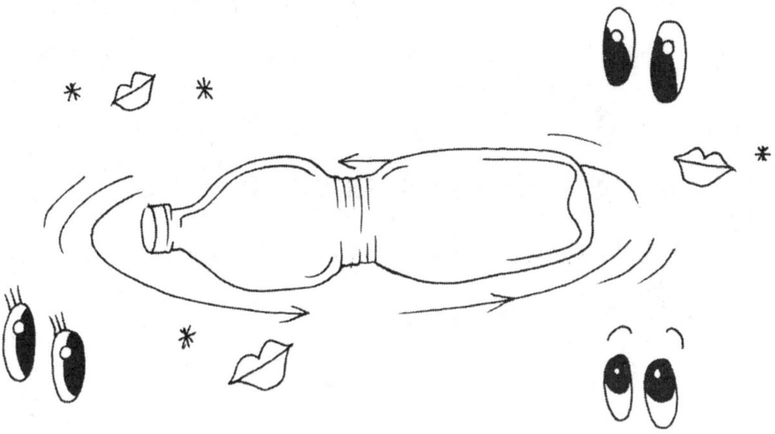

Alors qu'il regarde ses amis, je prends la bouteille et je la fais tourner sur elle-même. Je suis orgueilleuse dans la vie et j'aime pas ça quand on me dit que je suis pas *game*. J'espère profondément qu'elle s'arrête sur Justin. Je ferme les yeux, stressée de voir qui sera la première personne que je vais embrasser de ma vie. C'est tellement gros. Faut surtout pas que ce soit Xavier, NON ! Justin, Justin, Justin ! J'entends mes amis réagir. J'ouvre un œil pour voir. La bouteille pointe entre Eddie et JUSTIN !

— Qu'est-ce que je fais ?

— Ben t'embrasses les deux ! me dit Dave.

— Hein, pourquoi ?

— Ben sinon, choisis !

Je veux embrasser Justin, mais si je le choisis, il va savoir que je *crush* dessus. Mais je veux pas embrasser Eddie, surtout pas pour mon premier baiser...

— Euh, Justin…

— *Cool…*

J'essaie de voir s'il est content ou pas que je l'ai choisi, mais je ne vois pas l'expression sur son visage… J'avance ma tête vers le centre du cercle. Il fait de même. Je plisse les lèvres… *OMG*, je vais l'embrasser… je ferme les yeux, et…

La porte de la chambre s'ouvre d'un coup et les lumières s'allument. Monsieur Fisher est là, en pyjama carreauté rouge et bleu, et il n'a pas l'air content…

Deux semaines interminables

Je suis dans ma chambre en train de regarder le plafond. Je suis dans la lune. Ça fait deux semaines que je suis punie parce que j'ai « pris une mauvaise décision » au camp d'intégration, selon mes parents. J'ai dû aller en retenue tous les jours de la semaine passée, c'était pas assez pour eux ? C'est sûr que ce que j'ai fait n'était pas permis, mais est-ce que c'était si pire que ça ? Y'a personne de mort ! Je ne comprends pas pourquoi je dois être privée de mon téléphone et de Netflix aussi longtemps.

Je ne peux même pas faire de TikTok. Genre, c'est super important d'être consistant sur cette application-là, mon algorithme va être tout mélangé. Au moins, la conséquence se termine demain. Je vais pouvoir m'y remettre et voir si Justin m'a textée dans les derniers jours. La semaine passée, j'ai réussi à prendre mon téléphone deux minutes pendant que mes parents parlaient au voisin dehors, mais rien. Aucun texto de Justin. J'espère encore qu'il me texte même s'il ne me parle pas plus que ça à l'école. Il me regarde parfois au dîner, mais sans plus. Peut-être que notre « presque » bisou ne voulait rien dire pour lui… ou peut-être qu'il est gêné, lui aussi ? J'essaie de ne pas trop y penser.

En ce moment, la seule chose qui m'apporte un peu de bonheur, c'est le projet de sculpture qu'on réalise en arts plastiques. On construit un plateau et des fruits en argile. On va les peindre et les vernir ensuite. J'ai trop hâte de continuer demain à l'école. Ça serait un rêve d'avoir un cours d'art tous les jours. Je serais beaucoup plus motivée d'aller à l'école ! Deux cours sur neuf jours, c'est vraiment pas assez !

— Emy ! Le souper est prêt !

Comme à son habitude, mon père crie pour m'appeler.

— J'arrive!

Je suis bête avec mes parents depuis les deux dernières semaines parce qu'ils ne comprennent rien! C'est comme s'ils n'avaient jamais eu mon âge! Ils ne veulent jamais essayer de se mettre à ma place 2 secondes. Je me lève du lit, j'ouvre ma porte et je grimpe les escaliers. En arrivant dans la salle à manger, j'aperçois une lasagne sur la table, l'un de mes repas préférés. Je cache mon enthousiasme parce que je ne veux pas donner ce plaisir à mes parents. Une lasagne ne changera rien aux sentiments que je ressens pour eux en ce moment. Je suis fâchée, un point c'est tout ! Je m'assois à ma place et j'attends que tout le monde me rejoigne. Mon père nous sert chacune une part de lasagne.

— As-tu fini tes devoirs ?

Évidemment, c'est la première question que mon père me pose à table. Pour éviter qu'il m'agace, je mens alors que je ne n'y ai pas du tout touché.

— Oui, je les ai finis !

— Tous ?

— Ben tous ceux pour demain !

— Tu pourrais prendre de l'avance, tsé ! Pas besoin de les faire dernière minute tout le temps, tes devoirs !

— Ouais, ouais…

J'acquiesce pour qu'il me laisse tranquille. Ma mère tente de détendre l'atmosphère en nous racontant des anecdotes de sa semaine chez ses clients. Dans son métier de designer d'intérieur, elle travaille quelques fois avec de drôles de personnes, des indécis ou bien des gens capricieux. L'un de ses clients lui a déjà fait recommencer sept fois son plan parce qu'il n'était pas certain de l'emplacement de son sofa. Un autre lui a déjà fait faire trois allers-retours jusqu'au magasin de céramique la même journée, parce que les carreaux n'étaient pas assez gris à son goût, pour finalement choisir les premiers que ma mère lui avait proposés. Tu parles d'une perte de temps !

Une dame lui a déjà parlé de son divorce pendant 2 heures alors que ma mère passait pour prendre des mesures chez son fils. Ma mère est vraiment patiente ! Ou peut-être qu'elle ne s'affirme pas assez ? Je ne sais pas, mais ses histoires m'amusent. Mon père, lui, parle très rarement de son travail à la prison. Il est agent de programme. Je ne sais pas trop en quoi ça consiste, mais en gros, il aide les détenus à aller mieux.

En 5 minutes, j'ai déjà terminé mon assiette. Je demande même d'en reprendre parce que je me sens gourmande.

— Je peux en reprendre ?

— Oui, mais gardes-en pour ton lunch demain, là ! m'avertit mon père.

— Oui, oui !

Ma sœur a l'air toute fière. Elle se tient sur le bout de sa chaise, les pieds ballants, un grand sourire au visage. Ça paraît qu'elle veut dire quelque chose.

— Qu'est-ce que t'as ?

— Je suis *full* contente, c'est tout !

— Pourquoi ?

— J'ai été nommée l'élève du mois aujourd'hui à l'école et j'ai le droit à un privilège demain !

— WOW ! s'exclament mes parents à l'unisson.

Ça fait longtemps que j'ai vu mes parents fiers comme ça. Je suis contente pour ma sœur. Je sais qu'elle travaille fort et qu'elle mérite de se faire féliciter. Par contre, je ne peux pas m'empêcher d'en vouloir un peu à mes parents de ne pas réagir de la même manière quand je leur annonce que j'ai de nouveaux abonnés sur TikTok ou que je leur montre l'un de mes dessins dont je suis particulièrement fière. Ma mère est plus démonstrative que mon père, je vais lui donner ça, mais je ne me sens pas beaucoup valorisée en général dans ma famille.

Après avoir terminé ma seconde assiette, je me lève pour aller chercher un plat réutilisable dans l'armoire à gauche du réfrigérateur pour y mettre la part de lasagne pour mon lunch de demain.

— Prépare un plat pour ta sœur aussi !

— OK !

Je remplis les deux plats et je les place au frigo. Je place mon assiette dans le lave-vaisselle et je demande d'être excusée pour retourner dans mon « donjon ». Mes parents acceptent.

Une fois dans ma chambre, je sors une feuille et mes crayons pour dessiner, mais rien ne me vient à l'esprit. Je ne sais pas quoi tracer. Je n'ai pas d'idée. Ça cogne à ma porte. Bon ! Qu'est-ce que j'ai oublié, encore ?

— Oui ?

La porte s'ouvre et la tête de ma sœur apparaît.

— Je peux entrer ?

— Euh, ouais… Qu'est-ce qui a ?

— Je voulais venir voir ce que tu faisais…

— Je dessine…

— Tu dessines quoi ?

— Je ne sais pas encore…

— Est-ce que je peux dessiner avec toi ?

Ça fait longtemps que je n'ai pas passé de temps avec ma sœur. On dirait que depuis que j'ai commencé le secondaire, je suis préoccupée par mes trucs d'ado et je prends moins le temps de jouer avec elle. Je sais que ça lui fait de la peine. Même si on est différentes pis qu'on pense pas pareil des fois, je l'aime, ma sœur.

— Oui, OK ! Tiens, tu peux te prendre une feuille dans le tiroir !

— Trop *cool* ! On pourrait dessiner des robes pis peut-être faire un genre de magazine de robes !

L'année dernière, ma sœur et moi, on faisait souvent des genres de magazines. Je faisais souvent la page couverture et on partageait les articles. On n'écrivait pas pour vrai, mais on dessinait toutes les illustrations. Ça me tente de faire ça ! C'est pas comme si j'avais une meilleure idée !

— OK, oui ! Je fais la page couverture comme d'habitude, par exemple !

— D'accord, moi, je vais faire un article sur les… manteaux d'automne !

On se met toutes les deux à dessiner. Je la vois sourire et je sais tout de suite que j'ai fait sa soirée en acceptant de passer du temps avec elle. Ça me réchauffe le cœur.

Chapitre 15

Arie

J'ai patienté toute la journée pour ce moment. Je vais récupérer mon cellulaire dès que mon père revient du travail. Il devrait arriver d'une minute à l'autre, justement ! J'ai tellement hâte de voir si j'ai de nouveaux abonnés sur TikTok !

Il faut aussi que j'écrive à Arie. Je lui ai à peine parlé depuis le début du secondaire et je me demande ce qui lui arrive. Justin m'a peut-être textée, je serais trop contente si c'est le cas. Ça voudrait dire qu'il pense à moi! On verra! La vie va ENFIN reprendre!

Je regarde par la fenêtre impatiemment quand j'aperçois la voiture de mon père apparaître dans l'entrée. Je cours vers la porte et je l'ouvre pour le rejoindre sur le paillasson de la maison. Je sautille d'énervement! On dirait que lui, il prend son temps, comme s'il voulait me faire souffrir plus longtemps. Il m'a bien vue l'attendre pourtant, je le sais. Je me montre patiente pour éviter de me chicaner avec lui. Je ne voudrais surtout pas qu'il me confisque mon téléphone plus longtemps. Il ramasse ses affaires dans la voiture, ferme ses portes et longe le chemin de brique pour me rejoindre.

— Allô, ma fille !

— Saluuuuut !

— C'est bien la première fois que j'ai le droit à un tel accueil à mon retour du travail…

— C'est parce que c'est une journée spéciale aujourd'hui !

— Ah ouais ? Pourquoi ?

Je sais qu'il sait. Il ne fait que jouer le jeu de l'ignorant pour m'agacer.

— Mon cell, papa !

— Ah oui… c'est vrai ! Ça fait deux semaines aujourd'hui !

— PAPA !

— Je te niaise ! Je vais aller le chercher ! Laisse-moi donc rentrer, là…

Il dépose sa veste sur un crochet et ses affaires sur la marche du portique. Je le suis de proche et ne le lâche pas jusqu'à sa chambre où il sort mon téléphone de son tiroir à bas. De tous les endroits qu'il aurait pu choisir pour le mettre, il a choisi le tiroir à chaussettes. Mon père me fait rire quand même. Il me surprend toujours. Il me tend « mon précieux » et, sans hésiter, je le prends en l'allumant sans perdre une minute.

— Merciiiii ! Je vais être dans ma chambre !

— Tu perds pas de temps, toi !

— Non ! J'en ai assez perdu dans les deux dernières semaines, byeeee !

Je sors de sa chambre et me dirige vers la mienne tout en ouvrant mes applications. Je trébuche presque dans les escaliers parce que je ne regarde pas où je vais. Arrivée en bas, je traverse la porte de ma chambre et je me lance sur mon lit. J'ai 28 nouveaux abonnés ! Wow ! J'ai rien publié depuis deux semaines et les gens se sont quand même abonnés, c'est FOU ! Je suis trop contente !

Je ferme TikTok et j'appuie sur Snapchat. *OMG*... Justin m'a texté « allô » il y a une heure ! Est-ce que ça veut dire qu'il a un *crush* sur moi lui aussi, s'il m'a écrit ? Je fige d'excitation devant mon écran un moment avant de répondre.

- Allô, ça va ?

Je fixe avec impatience la conversation. Mon cœur bat super vite. Après 5 minutes d'attente, je décide de me rendre à l'évidence qu'il n'est sûrement pas en ligne. Je ferme le *chat*, j'ouvre celui avec Arie et je lui écris.

— Yo, Arie ! Ça va ?

En attendant qu'elle me réponde, je décide de tourner une vidéo TikTok parce que je dois me reprendre pour mes semaines d'absence. Je dois ça à mes abonnés ! Qu'est-ce que je vais dessiner, cette fois-ci ? J'aperçois mon ensemble d'aquarelle sur l'étagère au-dessus de mon bureau. Pourquoi ne pas l'utiliser ? Je n'ai jamais pratiqué cette technique dans mes vidéos, ça ferait changement ! Je pourrai représenter une jolie fée aux ailes multicolores ! Je place mon cellulaire sur mon trépied et j'installe tout mon matériel sur mon bureau.

On ne voit que mes mains dans mes TikTok. J'aimerais montrer mon visage aussi, mais mes parents refusent que je le fasse avant l'âge de 14 ans. C'était la condition pour que je puisse utiliser l'application. Évidemment, j'aimerais le faire, mais je ne veux pas risquer qu'ils ferment mon compte et je peux comprendre qu'ils veulent me protéger de… je ne sais pas quoi, en fait. Pas grave, dans moins de deux ans, je vais pouvoir le faire !

Mon cell vibre un coup. Est-ce que c'est Justin ? Ou bien Arie ? Je l'enlève du trépied. Je regarde, et oui, c'est bien elle qui vient de me répondre.

— Allô ! Oui ça va, toi ?

— Oui ! Je viens d'avoir mon cell !

— Tu ne l'avais pas avant ?

— Mes parents me l'ont confisqué deux semaines parce que je suis sortie après le couvre-feu au camp d'intégration…

— T'as fait ça, toi ?

— Oui haha !

— *OMG,* mais qui es-tu et qu'as-tu fait de la Emy que je connais ?

— Je suis une ado maintenant, je change !

— Haha !

— Est-ce que t'aimes ton école ?

— Ouais, c'est *cool* ! J'ai un *chum,* maintenant !

Je ne suis pas surprise. En sixième année, elle en avait eu deux. Quoique ça ne durait jamais très longtemps...

— Pour vrai ? Qui ?

— Tu le connais pas.

— Ouais, mais quand même, c'est quoi son nom ?

— Jason !

— *Nice* !

Elle voit mon message, mais elle ne répond pas. Après deux minutes, je relance la conversation...

— Arie, j'ai un *crush* !

— Qui ?

— Justin, qu'il s'appelle, mais je sais pas s'il m'aime, lui…

— Les gars sont mystérieux des fois !

— Surtout Justin !

Encore une fois, elle ne me répond pas, alors je lui pose une question.

— Veux-tu qu'on fasse quelque chose ce soir ?

— Je peux pas.

— En fin de semaine ?

— Non plus, je vois Jason…

— La semaine prochaine ?

— J'ai deux exams pis mon cours de *cheer,* fait que je peux comme pas vraiment…

— Ah, OK, ben tu me diras si tu peux bientôt…

— OK ! Je vais rejoindre Jason au parc, mais on se réécrit, bye !

C'est moi ou elle vient subtilement de me dire qu'elle avait mieux à faire que de passer du temps avec moi ? Elle a toujours fait passer les gars avant moi au primaire, mais on dirait je ne m'en rendais pas vraiment compte parce qu'on se voyait tous les jours à l'école, mais là… Ça fait un mois et demi qu'on ne s'est pas vues, elle ne fait même pas d'effort, et en plus, elle ne m'a même pas dit qu'elle avait un *chum* ! Je me sens rejetée.

J'ai un point dans le ventre. J'ai même plus le goût de filmer mon TikTok ni de dessiner. Il faut que je me rende à l'évidence que notre relation n'est pas aussi forte que je le pensais. Nos vies sont différentes maintenant et je ne suis pas dans ses priorités. Je vais essayer de me concentrer sur mes nouvelles amies à l'école. Je trouve que je fais pas assez d'efforts pour apprendre à les connaître.

Ça fait deux fois que Roxanne m'invite chez elle et que j'invente une excuse pour ne pas y aller. Je pense que j'ai peur de me rapprocher de nouvelles personnes, de peur que si elles apprennent à me connaître davantage, elles ne m'aiment pas vraiment. C'est un peu plus facile avec Emma puisqu'on est dans la même classe, donc on passe déjà beaucoup de temps ensemble. Elle aussi m'a invitée la fin de semaine passée, mais dans ce cas-là, je ne pouvais pas y aller parce que j'étais punie. Je ne veux pas qu'elles pensent que je les aime pas.

À partir de maintenant, je me promets de prendre du temps pour mes amies, des amies qui me montrent qu'elles veulent passer du temps avec moi et qui me font sentir appréciée.

Chapitre 16

Plateau de fruits

On présente nos plateaux de fruits en argile à la fin du cours d'arts plastiques. Je suis très fière de ce que j'ai fait. Mon fruit préféré, c'est la pomme. On dirait presque une vraie! J'ai eu le temps de sculpter quatre fruits, alors que la majorité des autres élèves en a seulement façonné trois. Xavier, lui, n'en a que deux dans son plat. En même temps, il perdait toujours son temps pendant le cours et parlait sans arrêt. Quand il a vu mon œuvre en arrivant dans la classe quelques minutes plus tôt, il a levé les yeux au ciel. Personnellement, je me fous bien de ce qu'il pense, il est jaloux, c'est tout.

Monsieur Lepage nous demande de placer nos créations devant nous sur la table. Ensuite, il indique de nous lever pour faire le tour de la classe et admirer ce que les autres élèves ont fait. J'aime bien la pièce de Mathis. J'ai remarqué qu'il était bon en arts seulement au dernier cours. Il est assis à l'autre bout de la classe, donc je n'avais pas pu constater son talent avant. Il est plutôt timide.

On ne s'est jamais parlé, mais l'autre jour, en allant chercher un ébauchoir, un petit outil pour sculpter des détails, dans l'armoire derrière lui, j'ai pu voir de quoi il était capable. Ses fruits, comme les miens, avaient l'air super réalistes et dans son agenda placé à côté de lui, il y avait tout plein de petits dessins de personnages style BD. Depuis ce moment, je le regarde travailler de loin par curiosité.

J'arrive devant le bol d'Emma, c'est beau. Sa pêche est très bien réussie je trouve et sa fraise est mignonne. Sa banane, elle, est un peu croche, mais je suis quand même impressionnée de ce qu'elle a produit. Surtout qu'elle n'arrêtait pas de se fâcher contre son tas d'argile en lui criant des bêtises toutes les 2 minutes. Je continue de me promener entre les rangées doucement. C'est drôle de voir les choix de fruits de chacun. Monsieur Lepage nous arrête après 5 minutes et nous demande de retourner à nos places pour commencer l'appréciation de groupe.

— Les élèves, vous avez tous fait le tour des merveilleux projets des autres. Maintenant, s'il y a des volontaires qui voudraient faire une appréciation artistique sur le projet d'un ou d'une de leur camarade, je vous en prie, levez la main !

On pourrait entendre une mouche voler dans la classe. Personne ne lève la main. Monsieur Lepage rigole un peu.

— Pas tous en même temps, quand même !

Le silence perdure. Je pense déceler une petite déception dans les yeux de mon prof. Ça me fait de la peine de voir que personne ne veut participer alors je lève ma main d'un coup sans trop réfléchir. La main en l'air, je réalise que je vais devoir parler devant tout le monde. Je commence à stresser un peu. Monsieur Lepage me remarque.

— Oh ! Oui, Emy ! Quel projet t'a particulièrement impressionnée et pourquoi, dis donc ?

— Euh… celui de Mathis…

Je le vois soulever sa tête de sa main, surpris, j'imagine, de voir que je l'ai nommé.

— Je trouve qu'il a vraiment bien capturé les textures des fruits qu'il a choisis… et aussi, ses dégradés sur la poire et sur, je pense que c'est un abricot, sont vraiment bien faits…

— Oui ! En effet Mathis, la texture de l'avocat en particulier est très impressionnante ! Emy a raison ! Puis, tes couleurs sont en effet pile-poil. Bravo ! Quelqu'un d'autre voudrait s'exprimer ?

Deux élèves lèvent leur main, puis trois autres après eux. Je pense que vu que j'ai brisé la glace, ils sont moins gênés de participer maintenant. Quelques élèves de la classe complimentent également le travail de Mathis, plusieurs complimentent le mien, d'autres complimentent le travail de leurs amis. C'est chouette de voir la perception de chacun sur les différents projets.

— Bon, vous voyez, c'était pas si dur que ça ! Je vous remercie d'avoir partagé vos impressions avec le reste du groupe et de tous nous avoir permis d'apprendre et d'évoluer dans notre pratique artistique... Est-ce que quelqu'un voudrait clore notre incroyable période d'appréciation avec un dernier commentaire ?

Eddie lève sa main.

— Oui Eddie, on t'écoute !

— Ben j'aime vraiment le travail d'Emy. J'ai remarqué que c'était la seule qui avait sculpté quatre fruits, c'est fou… Je trouve ça impressionnant la vitesse à laquelle elle travaille pis aussi bien. Elle est toujours concentrée quand on est ici, pas comme dans les autres cours, haha !

Je suis bouche bée. Il se tourne pour terminer son commentaire en me regardant.

— Ça paraît que t'aimes l'art, je trouve ça *cool* de voir ça…

— Merci, Eddie…

Je lui souris, un peu gênée. Je ne m'attendais pas à ce qu'un des gars de cette *gang* me complimente. Quoique c'est vrai qu'Eddie a toujours été gentil avec moi, lui, mais de là à parler devant tout le monde de mon plateau de fruits... Je capte du coin de l'œil que Xavier le fixe justement d'incompréhension. Il doit vraiment se demander pourquoi SON ami a décidé de me féliciter.

La cloche indiquant la fin des cours retentit dans l'école. Monsieur Lepage hausse la voix pour passer un dernier message avant que tout le monde se rue vers la sortie.

— Je vous prierais d'aller reporter vos sculptures sur la table à l'arrière assignée à votre groupe… DOUCEMENT !

Tout le monde s'exécute, certains plus doucement que d'autres. J'entends Xavier au loin lancer un « c'est quoi ton problème? » à Eddie. Je n'ai pas pu entendre sa réponse, car ils avaient déjà disparu dans le corridor, mais ça ne m'agace pas plus que ça. Je vais rejoindre Emma à sa table pour descendre aux casiers ensemble. Elle est en train de parler avec Alexia à voix basse.

— Allô! Une autre journée de finie! Vous parlez de quoi?

Emma répond, l'air mal à l'aise.

— Euh... de rien!

— Du *party* d'Halloween chez Xavier vendredi prochain ! lance Alexia naïvement.

— Alexiaaaaaa ! Fallait pas que tu le dises !

— Je savais pas que…

Quel *party* ? J'ai jamais entendu parler de ça et je ne comprends pas pourquoi Emma voulait me le cacher... Je sens mes yeux se remplir d'eau d'un coup. Elle se tourne vers moi.

— Je voulais t'en parler, je te le jure, mais pas *live*…

— C'est quoi le *party* ?

— C'est chez Xav pis, ben, il a accepté de m'inviter à condition que tu viennes pas... pis genre tu sais que je trippe dessus... je voulais vraiment y aller...

— Je vois... je suis contente pour toi alors... dis-je d'un ton sec.

Je soulève mon sac que j'avais déposé au sol et je quitte la pièce rapidement. Des larmes commencent à couler sur mes joues et ne s'arrêtent pas. C'est tellement poche le *feeling* qu'on ressent quand on n'est pas invité, qu'on n'est pas voulu.

Pour ne pas me faire remarquer, j'entre dans les toilettes qui se trouvent juste à côté de la classe. J'ai de la chance, il n'y a personne. J'ouvre une cabine pour prendre du papier toilette afin d'essuyer mes larmes et me moucher le nez par la même occasion. Je me regarde dans le miroir pendant un instant. Qu'est-ce que je lui ai fait, à Xavier? Pourquoi il ne m'aime pas? C'est moi le problème? Je suis peut-être trop bizarre? Pas assez comme les autres?

Je me suis déjà fait rejeter au primaire et la plupart du temps, ils me disaient que j'étais trop différente, trop dans la lune, trop bébé parce que je voulais jouer plutôt que parler… J'ai toujours eu de la misère à comprendre pourquoi les autres ne m'acceptaient pas alors que j'étais très gentille avec eux. Tout ce que je voulais, c'est d'être aimée de mes pairs. Là, je suis au secondaire, et la même histoire se reproduit.

Des tas de pensées me traversent l'esprit en même temps, mais je réalise que si je ne me dépêche pas, je vais manquer l'autobus. Je m'assure d'essuyer le reste de mes larmes avec ma manche de chandail et je fonce vers la porte de sortie encore toute chamboulée, mais, au moins, j'ai les yeux secs.

Chapitre 17

Le *party* d'Halloween

C'est ce soir que tous mes amis font la fête sans moi. Xavier n'a pas changé d'idée pendant la semaine parce que je n'ai toujours pas reçu d'invitation pour son *party* d'Halloween. Même qu'il a particulièrement été baveux ces derniers jours. J'ai eu le droit à des grimaces à de multiples reprises dans le cours de math pis à des remarques poches sur mon physique aussi. Trop petite, trop maigre, pis trop poilue…

Je sais pas si quelqu'un lui a déjà dit que de faire des commentaires désagréables sur le corps du monde, ça fait très années 2000 ! C'est passé date ! Pis mon poil est *full* normal. Le poil, c'est NORMAL ! Ma tante Franky m'a toujours dit ça. Elle, par exemple, elle ne se rase pas les dessous des bras pis elle me dit toujours qu'elle ne se s'est jamais sentie autant femme avant d'accepter sa pilosité comme elle le fait aujourd'hui. Sa blonde, Suzelle, la trouve magnifique avec ou sans poils, qu'elle dit. Elle, elle préfère les raser, mais elle respecte complètement le choix de ma tante de ne pas le faire. C'est beau, je trouve. Ça s'appelle du respect. Chose que Xavier ne connaît sûrement pas. Un jour, va falloir que je dise quelque chose, il n'apprendra pas sinon. Pour le moment, je tente de l'ignorer.

Ma mère m'appelle du haut de l'escalier pour me dire qu'on part dans 5 minutes pour passer l'Halloween en famille. Quand les filles m'ont demandé au dîner ce que je faisais ce soir, j'ai menti. Je leur ai dit que j'allais regarder des films d'horreur alors que je déteste ça. J'étais embarrassée de leur dire que j'allais, avec ma petite sœur ET mes parents, cogner aux portes des maisons de mon quartier pour demander des bonbons. Je ne voulais pas qu'elles pensent que je suis encore un bébé. C'est mieux ça que de ne rien faire toute la soirée et de me morfondre sur mon sort.

J'enfile mon costume de fée, je prends mes ailes et mon immense sac réutilisable, et je grimpe les escaliers. Mes parents sont en train de mettre leur manteau. Ma mère est déguisée en ange et mon père, en diable. « Déguisés » est un grand mot. Ils ont seulement mis un serre-tête, ma mère avec une auréole et mon père avec des cornes, mais au moins ils ont fait un effort. Ma sœur a mis son pyjama une pièce de dinosaure par-dessus son manteau de printemps et ma mère lui a peint des écailles sur le visage.

— Emy ! Mets un manteau !

— Non, papa, ça va gâcher mon costume! J'ai un chandail à manches longues, je vais être correcte!

— Parfait, mais viens pas me dire que t'as froid dans 10 minutes parce que je t'avertis, on reviendra pas!

— Je vais être CORRECTE!

— OK!

Je passe les bretelles de mes ailes de fée dans mes deux bras et je suis prête. Ma mère ouvre la porte et on part à l'aventure!

Je mentirais si je disais que j'aime pas ça, passer l'Halloween. J'adore me faire une collection de bonbons pour l'année. J'aime surtout recevoir les paquets de chips pis les sacs de friandises que les gens préparent à l'avance. Les grosses maisons sur la rue Boileau en donnent souvent. Y'a une partie de moi qui n'est pas capable de s'empêcher de penser à ce que je manque du *party*, mais j'essaie de profiter du moment avec ma famille. En plus, ma sœur était vraiment contente quand je lui ai dit que je passais la soirée avec elle.

Le couple qui habite en diagonale de nous fait toujours la meilleure maison hantée du quartier. Ils se surpassent chaque année et on commence toujours par visiter leur attraction avant de longer notre rue. On traverse la rue et on arrive devant leur entrée où se trouve un passage décoré de squelettes, de toiles d'araignées, de tissus imbibés de faux sang, de fantômes suspendus et de chauves-souris. On entre dans celui-ci et on avance tranquillement, un peu méfiants parce qu'ils ont le don de nous faire sursauter quand on s'y attend le moins. Soudainement, une main verte sortant de nulle part m'agrippe l'épaule. Je crie au meurtre et je rebondis de frayeur un mètre plus loin. Mon père se met à rire et me pointe le Frankenstein automatisé qui m'a donné la frousse. Par orgueil, je lance un petit rire pour montrer que ça va et je me remets à avancer.

Ma sœur a crié une fois quand une chauve-souris aux yeux rouges lui est tombée dessus, mais sinon, on s'est montrés quand même courageux jusqu'à la fin, où les organisateurs nous attendaient, des bonbons à la main. On s'est ensuite dirigés vers les autres maisons de ma rue. Je l'avoue, à mi-chemin, je commençais à avoir un peu froid, mais je ne voulais surtout pas donner raison à mon père et qu'il me sorte son fameux « je te l'avais dit », alors j'ai enduré l'inconfort sans rien dire jusqu'à notre retour à la maison.

Une fois la chasse aux bonbons terminée, ma famille et moi sommes revenus faire le tri à la maison. C'est une tradition. On étale tous nos bonbons au sol et on place les identiques ensemble pour les mettre dans des pots en vitre tout en en mangeant quelques-uns. Mon père se sert TOUJOURS dans nos bonbons. Il dit que c'est son droit de père. On n'a pas trop le choix d'accepter. Il choisit quelques palettes de chocolat qu'il engloutit en deux temps, trois mouvements, alors que ma mère nous aide à séparer le tout.

En regardant les pots remplis, ma sœur et moi nous entendons pour dire qu'on a récolté beaucoup de bonbons en cette soirée d'Halloween ! Les gens ont été très généreux cette année. À la suite de ça, je demande d'être excusée pour aller passer un peu de temps dans ma chambre. La vérité, c'est que je veux aller voir si des amis que je connais ont fait des *stories* Snapchat au *party* de Xavier. Je prends un sac de chips et deux petits sacs de jujubes, puis je me dirige vers ma chambre.

J'entre et je débranche mon cell. Je l'ouvre et je clique sur l'application en question. Trois personnes ont fait des *stories*! J'appuie sur le cercle d'Alexia. Ce n'est qu'un *selfie* d'elle dans le miroir portant son costume de policière. Je clique sur l'écran pour passer à la prochaine. C'est une vidéo! Ils doivent être à peu près une quinzaine. Je m'approche de l'écran pour bien voir. Y'a Xavier qui saute sur le sofa en criant, Eddie qui rigole à côté et j'entends quelqu'un crier « Justin! ». Il est là, il est au *party* et PAS MOI.

Je m'assois les jambes croisées sur mon lit, encore plus concentrée. Je clique à nouveau sur l'écran. La musique est forte, j'entends rien, mais j'aperçois au fond de la pièce la tête de Justin. Il est de dos, mais je reconnaîtrais sa coupe de cheveux n'importe où ! Il parle avec une fille, mais je ne peux pas voir son visage à cause de son chapeau de sorcière. Je clique et plus rien. Alexia n'a pas fait d'autres *stories*.

J'appuie sur le cercle d'Inès. Ce n'est qu'une photo d'un bol de bonbons. Je clique, et plus rien. Emma, elle, a fait une *story* aussi. Peut-être que je vais voir qui parle avec Justin. J'appuie et c'est une vidéo de Xavier qui cale un immense bol de jus. Justin n'est pas dans le cadre. Je clique, et rien.

Je me laisse tomber sur le dos et je lâche mon téléphone, en plus de faire un long soupir. Non seulement j'ai le *FOMO* (c'est une expression super populaire exprimant la peur de manquer quelque chose), mais Justin parlait sûrement à une autre fille. Je me calme un peu en me disant que je vois Emma dimanche. Pour se faire pardonner de m'avoir caché l'existence du *party*, elle m'a promis qu'on passerait la journée ensemble et qu'elle me raconterait tout. J'ai hâte !

Chapitre 18

Emma

Le GPS de mon père indique qu'il reste 5 minutes avant d'arriver à destination. Je suis tellement impatiente d'arriver chez Emma. J'ai tout un tas de questions sur le *party* de vendredi soir. J'ai pensé à ça toute la journée hier. J'ai pensé lui écrire pour savoir les potins plus vite, mais je me suis rappelé qu'elle avait le baptême de son cousin avec toute sa famille samedi, alors j'ai choisi de ne pas la déranger. Ce matin, ça lui a pris une heure avant de me répondre. J'ai eu peur qu'elle veuille annuler notre rencontre, mais j'ai stressé pour rien. Elle faisait seulement la grasse matinée. Plus que 2 minutes !

— Soupes-tu chez elle ?

— Je pense pas… Si oui, je vais t'appeler !

— OK, mais j'aimerais ça que tu me le dises un peu d'avance, j'ai pas juste ça à faire, jouer au taxi !

— Oui, oui, papa !

On tourne dans le rond-point où habite Emma. Mon père arrête la voiture devant chez elle. Je détache ma ceinture et j'ouvre la portière.

— Bye, à tantôt !

— Bon après-midi, ma fille !

Je longe la voiture de son père dans l'entrée en faisant attention. Je le sais qu'il y tient à sa voiture de l'année ! Je monte les marches jusqu'à la porte d'entrée et je cogne trois fois. J'attends quelques secondes avant qu'on m'ouvre. La mère d'Emma, Nancy, apparaît dans le cadre de porte.

— Emy, bonjour ! Tu viens voir Emma ?

— Elle ne vous l'a pas dit ?

— Peut-être qu'elle l'a dit à son père, je reviens juste de l'épicerie… monte ! Elle doit être dans sa chambre !

— OK ! Merci !

J'enlève mes chaussures et je grimpe les marches directement en face de l'entrée. Arrivée en haut, je suis le corridor jusqu'à la chambre d'Emma. J'ouvre sans cogner. Emma, son cellulaire à la main, m'aperçoit et sursaute.

— *OMG,* Emy ! Je t'ai pas entendue arriver ! Tu m'as fait peur !

— Scuse ! Faisais-tu de quoi ?

— Non, non, je *scrollais* juste sur TikTok !

Elle dépose son cell sur la table de chevet et me fait signe de venir m'asseoir.

— Viens ! On fait quoi ? Veux-tu regarder un film ?

— Ouais on peut, mais avant je voulais savoir c'était comment le *party* ?

— Ah ouais c'est vrai, fallait je te raconte !

— C'était le *fun* ?

— Correct ! La musique était bonne pis y'avait mes chips prefs, *so* !

Je veux lui demander à qui Justin a parlé pendant la soirée, mais je veux pas avoir l'air jalouse alors je décide de lui poser des questions sur Xavier.

— As-tu parlé avec Xavier ?

— Pas tant, sérieux…

— Ah ouais, pourquoi ? J'aurais pensé que t'aurais essayé de lui parler un peu plus !

— Il restait plus avec ses amis pis il arrêtait pas de crier… On dirait que ça m'a énervée !

— T'es pu *down* sur lui ?

— Moyen, on dirait…

— Haha ! Moi je suis contente que tu te désintéresses, y'est tellement méchant ! Si tu savais ce qu'il m'a dit l'autre jour !

— Ouinnn je sais, je me disais juste au début qu'il voulait attirer l'attention, mais son attitude plate commence aussi à me gosser... Je pense que je vais laisser faire !

— *YEAH* ! Pis... à part ça ? Est-ce qu'il s'est passé d'autres affaires le *fun* ?

— On a dansé beaucoup... AH !

Ça y est ! Elle va me parler de Justin !

— Inès a déchiré son costume devant tout le monde ! C'était tellement drôle ! Xavier a dû lui prêter un pantalon !

— Ah ! *OMG*…

Je vais penser qu'elle fait exprès de ne pas parler de Justin.

— Ah, Justin était là aussi !

BON ! ENFIN ! Je réponds comme si je ne savais pas !

— Ah ouais ?

— Ouais !

— Pis ?

— Ben rien, y'était juste là… y chillait avec ses amis, là…

— Ah, OK…

— Tu veux un verre d'eau ? J'ai soif, moi !

— Euh, OK !

— Je vais nous faire du popcorn aussi pour notre film !

Elle se lève rapidement et quitte la pièce. Elle n'agit pas comme d'habitude, je la trouve étrange. Je l'entends descendre les escaliers en demandant à sa mère s'il reste du popcorn dans le garage. Je me lève et je commence à observer les cadres accrochés au mur. À l'intérieur, il y a des photos d'elle et de sa famille à Disneyland, une image d'elle et sa sœur lorsqu'elles étaient enfants, un paysage avec de belles montagnes et une photo d'elle à l'un de ses spectacles de danse.

En me rapprochant pour analyser son costume à paillettes, j'entends le bruit d'une notification Snapchat venant de son cellulaire. Je reconnais la sonnerie parce que j'ai la même sur le mien. Je m'approche bêtement et… j'aperçois le nom de Justin sur l'écran. Je frotte mes yeux pour m'assurer que je ne l'ai pas imaginé. C'est bel et bien réel, Justin vient de lui écrire. Je panique un moment. Je veux pas sauter aux conclusions tout de suite. C'est peut-être rien ! MAIS pour être sûre, je pourrais regarder ? Je prends son cell et je glisse mon doigt de haut en bas. Il est verrouillé, c'est vrai ! Merde ! J'entends Emma revenir, alors je ferme l'écran et je dépose le téléphone au même endroit avant de m'éloigner.

— Yoooo ! Y'a pu de popcorn, mais j'ai des chips, c'est correct ?

— Ouais, ouais, c'est *chill* !

— OK *good* ! Je redescends les chercher !

— Emma !

Sa mère entre dans la chambre avec un chapeau de sorcière à la main.

— Maman, cogne !!! Je te l'ai dit mille fois !

Un chapeau de sorcière... je fais des liens dans ma tête...

— T'as laissé traîner ton chapeau sur le sofa, range-le !

— Oui, oui, byeeeee !

Elle pousse sa mère hors de sa chambre.

— T'as pas mis ton costume de pirate au *party* finalement ?

— Ouin, non, si t'avais vu la tâche de spag sur ma chemise que je me suis faite en mangeant avant de partir là… J'ai dû emprunter le costume de ma sœur !

C'est elle qui parlait avec Justin au *party* vendredi pis il vient de la texter, je suis confuse… Pourquoi elle me mentirait ? Y'a une manière de le savoir ! Je décide d'aborder la situation de front.

— T'as reçu un Snap quand t'étais en bas !

— Ah oui ?

Elle prend son cell et en regardant l'écran, elle me regarde nerveusement.

— Pourquoi il t'écrit ?

Elle commence à fixer le sol sans rien dire.

— Emma, mens-moi pas, s'il te plaît !

— On s'est comme parlé au *party* de Xavier… pis…

— Pis quoi ?

— Ben on a plein d'affaires en commun… y s'est rien passé, je te le jure, mais…

— Ouiiii ?

— Ben comme, y m'intéresse quand même…

— Mon Justin ? Y t'intéresses ?

— Oui… On s'est écrit toute la journée hier… Je pense que je l'intéresse aussi…

— Ça veut dire qu'il s'en fout de moi…

— Ben pas qu'il s'en fout, y te trouve *full* fine, mais il m'a dit que t'étais pas son genre, *so* je me suis dit que…

Je sais plus quoi dire. Je me sens trahie, j'ai de la peine, j'ai beaucoup d'émotions que je ne comprends pas en ce moment. J'ai l'impression que mon cœur va exploser. Tout ce que je sais, c'est que je veux être ailleurs ! Sans la regarder ni lui parler, je passe la porte de sa chambre et je cours jusqu'en bas des escaliers. Je saute sur le téléphone de la table d'entrée et je compose le numéro de mon père. Il prend cinq coups avant de répondre.

— Allô ?

— Viens me chercher !

— Pourquoi ?

— Papa, s'il te plaît, je veux juste partir !

— Euh… ben là, j'avais commencé le souper…

— PAPA, *please* !

— OK, OK ! J'arrive !

Je raccroche et la mère d'Emma apparaît devant moi. Je ne l'avais pas vu approcher.

— Tu ne restes pas pour souper?

Sentant que des larmes me montent aux yeux, je lui fais signe que non de la tête avant de lui tourner le dos pour quitter la maison. Je ne reste pas une minute de plus. Je vais attendre mon père au coin de la rue!

Chapitre 19

C'est Noël

Je *scroll* sur TikTok depuis mon réveil. Je n'arrive plus à dormir. Aujourd'hui, c'est Noël, et quand mes parents seront debout, on va ouvrir les cadeaux en famille. J'ai hâte ! Je clique sur mon profil pour voir les vidéos que j'ai publiées ces deux derniers mois. Je suis fière de m'être montrée plus assidue dans mes publications et ça a vraiment porté fruit. J'ai récolté 246 nouveaux abonnés exactement. Disons que j'étais beaucoup moins préoccupée sachant que Justin ne partage pas mon affection.

Au début, j'ai beaucoup souffert. Pendant au moins une semaine, je pleurais toujours avant de m'endormir, mais tranquillement, je me suis remise sur pied. Ça m'a permis de me concentrer sur mon art et mes projets personnels. Je ne parle plus à Emma depuis ce qu'elle m'a fait à l'Halloween et mes sentiments pour Justin continuent peu à peu de disparaître. Je ne peux pas dire qu'ils sont complètement partis encore, mais j'essaie de me changer les idées le plus possible.

Aux dernières nouvelles, Emma et Justin se parlent encore. C'est Roxanne qui me l'a dit. Elle et moi, on s'est énormément rapprochées ces derniers mois. Quand elle a entendu l'histoire, elle a été *full* présente pour moi. Elle venait dîner avec moi et Inès, et a rejoint le groupe par après. Notre amitié a commencé à fleurir davantage à ce moment-là. J'ai réalisé que c'était la première fois de ma vie que mes amies étaient profondément gentilles avec moi. Elles m'aiment et elles m'écoutent parler de mes émotions, chose qui m'était rarement arrivée auparavant en amitié.

J'entends des bruits de pas au plafond. Mes parents sont sûrement levés ! Je dépose mon cellulaire sur la table de chevet et je me dirige à l'étage avec enthousiasme. Ma sœur est à table et elle mange un bol de céréales. Mon père se sert une tasse de café.

— Joyeux Noël, ma grande!

— Joyeux Noël! J'ai trop hâte qu'on ouvre les cadeaux!

— Moi aussi!

Ma sœur lâche sa cuillère et tape des mains, le sourire au visage.

— On attend juste que votre mère se réveille...

— On s'en occupe, papa!

Je fais signe à ma sœur de me suivre. Elle se lève de sa chaise et vient me rejoindre. On marche toutes les deux en direction de la chambre de mes parents avec l'intention de réveiller ma mère. J'ouvre la porte tranquillement et j'avance sur la pointe des pieds. Ma sœur fait de même. On s'approche du lit et une fois au pied de celui-ci, je lance un regard à ma sœur qui veut TOUT dire. En même temps, on saute sur le lit en criant « DEBOUT ! ! ! » Ma mère sursaute, les yeux encore fermés.

— Ah ! les filles, voyons !

— Maman réveille-toi ! C'est Noël !

— Oui maman, debout, on veut ouvrir nos cadeaux ! Debout, debout, debout ! ! !

Ma mère se place la couverture sur la tête en soupirant.

— Donnez-moi deux minutes… J'arrive !

Mission accomplie ! Ma sœur et moi retournons dans la cuisine faire part de notre triomphe à notre père. 2 minutes plus tard, comme promis, ma mère apparaît dans la cuisine.

— J'ai besoin de café !

Pendant que mon père lui sert une tasse, ma sœur et moi courons au salon nous asseoir par terre près du sapin. Mes parents apparaissent quelques secondes plus tard. Ma mère s'assoit sur le fauteuil près de la fenêtre et mon père sur le sofa.

— Bon, à qui le premier ? Tiens, Cloé !

Ma sœur agrippe son cadeau et le déballe à la vitesse de la lumière. C'est une grande boîte en carton. Elle l'ouvre et crie de joie ! Elle sort au même instant une botte de celui-ci.

— Des nouvelles bottes d'équitation !!!

Elle prend la seconde dans ses mains et les serre toutes les deux contre elle. Ça fait deux mois qu'elle supplie mes parents d'en avoir. Non seulement ses anciennes commençaient à être légèrement trop petites, mais elles commençaient à s'user plus rapidement puisqu'elles étaient seconde main. S'il y a une chose qui réjouit ma sœur encore plus que de bonnes notes à l'école, ce sont bien les chevaux ! Quand elle va à son cours d'équitation le mardi soir, elle rayonne.

— Bon, au tour d'Emy ?

Mon père me tend un cadeau. Il est tellement bien emballé. Ça, c'est ma mère tout craché. Elle achète toujours de beaux papiers colorés, de jolis rubans et des boucles décoratives. Elle passe des heures à bien envelopper les cadeaux. C'est presque hypnotisant de la regarder faire.

Je l'agrippe et le dépose sur mes jambes. Je dénoue le ruban autour et je prends mon temps pour essayer de ne pas trop abîmer l'emballage. Je glisse le papier pour y découvrir une grande boîte mince en forme de carré. Je soulève le dessus et aperçois à l'intérieur… une *RING LIGHT* ! *OMG* ! Comme les youtubeurs ! Je n'arrête pas d'en parler depuis que j'ai commencé à faire des vidéos sur TikTok. J'expliquais à mes parents que la lumière dans ma chambre n'est pas optimale à la création de contenu. Je suis tellement contente de savoir qu'ils s'en sont souvenus !!!

— C'est bien un truc comme ça que tu voulais ? me demande mon père.

— OUI ! C'est EXACTEMENT ça ! J'ai trop hâte de l'utiliser ! Merci, merci, merciiiii !

— Bien hâte de voir ce que tu vas faire avec ça ! me lance ma mère en souriant.

Mes parents se sont surpassés cette année avec nos cadeaux. En plus de mon outil d'éclairage légendaire, j'ai reçu deux cahiers de dessin, un pour dessiner et un pour l'aquarelle. Le papier est plus dur et épais dans celui-là, alors il absorbe mieux la peinture. J'ai également de nouveaux crayons à base d'eau, plusieurs Sharpies à pointes fines, des *patchs* à coller sur les vêtements, de la colle à tissus et un ensemble de *tie-dye* maison. Ma mère m'a aussi offert de nouvelles chaussettes multicolores à motifs amusants et des élastiques pour les cheveux.

Ma sœur, elle, a reçu deux livres sur les chevaux, trois nouveaux chandails, des chaussettes aussi, des mitaines et une tuque. Mon père a donné une nouvelle valise à ma mère, car son ancienne était trouée à deux endroits, pour son voyage à Miami dans deux semaines. Elle part avec tante Franky et Suzelle dans une formation de pilates pendant dix jours. Chanceuse ! Elle va pouvoir profiter du soleil et de la plage alors que moi, je vais recommencer l'école. Maman a offert une raquette de tennis et un cuissard de vélo à papa.

Une fois les cadeaux tous ouverts, on se rejoint à la cuisine pour préparer des crêpes en famille. J'aime beaucoup passer du temps avec ma famille à Noël. Tout est plus joyeux !

Dernière journée de congé

Mon père, ma sœur et moi, on est allés porter ma mère, sa sœur et sa blonde à l'aéroport ce matin. Leurs vacances à elles se prolongent pour un autre dix jours au soleil. Et moi, les miennes s'arrêtent demain. Les vacances des fêtes passent toujours trop vite ! En un clin d'œil, on est de retour sur les bancs d'école à moitié endormis en train d'ESSAYER très fort de rester concentrés sur ce que le prof raconte. Dans mon cas, cet effort ne dure que quelques minutes avant de tomber dans la lune.

Bref, je redoute mon retour demain, mais je vais essayer de profiter de ma dernière journée de congé au max. J'avais en tête de filmer quelques TikTok. Maintenant que j'ai ma nouvelle *ring light,* l'image est beaucoup plus jolie. C'est plus lumineux et on voit mieux tous mes traits de crayon. Je me lève de mon lit et je me dirige vers mon bureau pour sortir mon matériel d'art. J'ai en tête une robe de soirée volumineuse rouge et je veux absolument la représenter sur un bout de papier. Je compte bien filmer le tout.

J'entends mon téléphone vibrer. Quelqu'un doit m'avoir écrit. Je m'approche de ma table de chevet et je prends celui-ci dans mes mains. C'est Roxanne !

— Emy ?

— Allô, Rox ! Pis, pas trop découragée de recommencer l'école demain ?

— Non ça va ! J'ai quand même hâte de toutes vous voir !

— Moi aussi ! C'est bien la seule chose qui me réjouit d'y retourner !

— Haha!

— Tu voulais me demander de quoi?

— Non... je pense que tu devrais savoir quelque chose avant qu'on revienne à l'école demain...

— Quoi?

— Ben... Emma pis Justin sortent officiellement ensemble.

Je reste figée au milieu de ma chambre en fixant mon écran. Je me sens étourdie un peu. Je sais qu'ils se parlent depuis un moment, mais jamais je ne me serais imaginé qu'ils allaient sortir ensemble un jour. Je ne peux pas m'empêcher de ressentir un pincement au cœur. Je m'étais faite à l'idée que Justin ne m'aimait pas, mais je trouve ça quand même dur de savoir qu'il a préféré mon amie à moi.

— Emy ?

— Oui je suis là…

— T'es correcte ?

— Oui, oui.

— Je me disais que c'était mieux que tu le saches avant de les voir ensemble demain.

— Merci, Rox, c'est gentil de me l'avoir dit. On se parle plus tard, je m'en vais filmer un TikTok !

— OK parfait ! Si jamais tu veux parler, écris-moi !

Je lance mon téléphone sur mon lit et je m'assois rapidement au sol, la tête entre les jambes. Pourquoi j'ai de la peine ? Non ! Pourquoi je suis fâchée ! ? Ça fait déjà deux mois que je sais qu'il ne veut rien savoir de moi. Pourquoi je m'accroche comme ça ? Je déplace les mèches de cheveux que j'ai dans le visage et je lève le regard. Mon uniforme est placé sur ma chaise à débarras. C'est comme s'il me regardait. Lui aussi, il me fâche. Il ne me met pas en valeur du tout. Il cache toute ma personnalité. Peut-être que s'il n'avait pas existé, les gars et Justin se seraient plus intéressés à moi !

Ça suffit ! J'ai le droit de m'exprimer comme je le veux ! Je me lève d'un coup, j'agrippe mon polo et ma jupe bleu marine, puis je les lance sur mon bureau. Je range le matériel que j'avais sorti quelques minutes plus tôt dans mon tiroir et je sors plutôt mes ciseaux, la colle à tissus et les *patchs* que j'ai reçues à Noël. C'est aujourd'hui que je transforme mon uniforme à mon image. Je vais le rendre unique ! Je me retourne pour aller prendre mon cellulaire. Je n'oublierai surtout pas de filmer mon processus pour le publier sur TikTok. J'installe mon cell sur mon trépied, je m'assois sur ma chaise de travail et j'observe mes vêtements. Qu'est-ce que je fais avec ça ? Je réfléchis quelques minutes, et tout d'un coup, l'inspiration me frappe.

Je cours chercher de l'eau de Javel, un seau et des gants dans la salle de lavage qui se trouve juste au fond du corridor. Je reviens à toute vitesse dans ma chambre. Dans mon dernier tiroir de gauche, je prends la nappe de plastique que maman m'a achetée après que j'ai échappé plein de peinture au sol pendant une séance d'art abstrait. Je pousse toutes mes affaires dans le coin de mon bureau et je place la nappe au-dessus de mon espace de travail.

J'étends mon polo sur toute sa longueur et j'agrippe un pinceau, puis mon verre d'eau. J'engloutis la dernière gorgée et j'y verse une petite quantité de javellisant en faisant très attention de ne pas en renverser sur moi. J'enfile mes gants de caoutchouc, saisis mon pinceau et le trempe dans le liquide. Je trace la forme d'une fleur à côté du collet. Tranquillement, la couleur commence à déteindre et j'aperçois les lignes que je viens de faire. Je recommence l'étape plusieurs fois jusqu'à ce que mon polo soit recouvert de fleurs et je l'étale sur le sol pour qu'il sèche.

Je change l'angle de mon téléphone pour continuer avec la jupe. Je prends mes ciseaux et je coupe au moins 3 centimètres du bas de celle-ci. Encore là, elle est quand même trop longue à mon goût, mais je ne veux pas trop exagérer. Je jette la retaille dans ma poubelle et je fouille dans les différentes *patchs* que j'ai reçues pour Noël. J'arrête mon choix sur deux *patchs* de fleurs et celle d'un soleil. Je prends ma colle à tissus, j'enlève le bouchon et j'en fais sortir quelques gouttes autour d'une de mes *patchs*. Je la colle ensuite dans le bas à droite de ma jupe. Je fais la même chose pour les autres que je colle à quelques centimètres de celle-ci.

Je me recule. J'aime ça, mais il manque quelque chose ! Je sors de mon deuxième tiroir à gauche ma boîte remplie d'épingles à couche. Je déplace mon trépied à nouveau pour mieux filmer la prochaine étape de ma création. Je commence à enfiler les épingles autour du bas de la jupe. Je reprends mon polo qui a eu le temps de sécher et j'en ajoute quelques-unes autour du collet. J'arrête de filmer. Je place chacun de mes morceaux côte à côte pour les observer. J'ADORE !

Mon polo sent l'eau de Javel. Il faut que je le lave sans que papa me voie. S'il me surprend à faire du lavage, il va se poser de sérieuses questions. J'ai vu maman faire quelques fois, je devrais me débrouiller. Je prends mon chandail, j'ouvre ma porte de chambre, je m'assure que mon père n'est pas au sous-sol et je me dirige doucement vers la salle de lavage.

Demain, je porte mon uniforme réinventé ! C'est le moment de me démarquer, d'être différente, pas comme les autres, et c'est demain que ça commence.

Chapitre 21

C'est le temps d'être moi

Je me sens confiante ce matin. Stressée un peu, aussi. C'est normal, je porte mon nouvel uniforme et je ne sais pas trop comment le monde va réagir à l'école en le voyant. Je l'ai mis à la dernière minute avant de partir prendre l'autobus pour que mon père ne le voie pas. J'ai attendu qu'il soit aux toilettes pour enfiler mon manteau d'hiver assez long pour tout cacher, ni vu ni connu. Même ma sœur n'a rien vu, elle était captivée par son livre de chevaux.

Une fois arrivée à l'arrêt d'autobus, j'échange un regard avec mon « ami ». Quatre mois à se voir tous les matins et c'est la première fois qu'il me regarde. Je pense même avoir pu déceler un mini-sourire sur son visage. Mais encore, je sais maintenant qu'il s'appelle Fred (sûrement un diminutif de Frédéric) parce que son ami a crié son nom dès qu'il l'a vu entrer dans l'autobus. Il avait l'air pressé de lui dire quelque chose. Peut-être voulait-il lui raconter ses vacances de Noël ! Ils sont assis trop loin de moi, la curieuse, alors je ne peux malheureusement pas entendre.

Marie-Pie, que je côtoie principalement le matin dans l'autobus parce qu'elle se tient avec une autre *gang* d'amis à l'école, elle, me raconte les siennes. Elle est allée au Mexique avec son père et sa blonde. La chanceuse ! C'est pour ça qu'elle est toute bronzée comme ça ! Pendant qu'elle me raconte toutes les activités qu'elle a faites là-bas, j'hésite à lui dire ce que j'ai fait à mon uniforme hier, mais on arrive à l'école d'un instant à l'autre et j'ai comme envie de garder mon petit secret un peu plus longtemps. Je décide de ne rien dire, voyant que notre bus s'arrête devant l'entrée des élèves.

On descend tous et on se dirige vers les portes du bâtiment. Marie-Pie et moi nous rendons chacune à nos casiers respectifs. En entrant dans ma rangée, je l'aperçois, Justin. Je ne veux pas le regarder. C'est pas vrai que je vais laisser un gars me mettre à l'envers comme ça. Il est en couple en plus, avec mon amie… ben, mon ancienne amie.

C'est terminé, je décroche. Je passe à côté de lui en l'ignorant complètement. J'ouvre mon casier, je change mes bottes pour des souliers et j'enlève mon manteau. Je reprends mon sac que je glisse dans mon dos et je me dirige vers mon cours de math. Au passage, Justin me lance un regard rapide et détourne la tête. Il doit avoir réalisé qu'il y a quelque chose de différent parce que ses yeux reviennent vers moi quelques secondes plus tard, surpris. Il m'examine de la tête aux pieds alors que je passe devant lui, complètement indifférente. En tout cas, c'est ce que j'essaie de prétendre.

Je tourne le coin et j'arrive face à face avec Xavier. Il doit aller rejoindre Justin. Pour une fois, il ne semble pas trop savoir quoi dire. Lui aussi m'observe de haut en bas. Je le contourne en voyant qu'il n'a pas l'intention de bouger ni de passer un commentaire et je longe le corridor jusqu'à la porte qui mène aux escaliers. En arrivant à l'étage, j'aperçois monsieur Fisher avancer vers moi en consultant des feuilles dans ses mains. Je me tasse sur le côté du mur derrière une colonne. Il passe sans me remarquer. J'attends qu'il s'éloigne avant de me remettre à marcher.

Des élèves de secondaire 1 me remarquent et me pointent du doigt en chuchotant aux oreilles de leurs amis. Je me demande ce qu'ils disent, mais en même temps, c'est pas plus important que ça. Des filles plus vieilles me croisent et l'une d'elles me lance un sourire complice tandis que l'autre me dévisage. Ça peut pas plaire à tout le monde, c'est sûr, mais de voir qu'au moins l'une d'entre elles a aimé, ça me donne confiance.

— Emy ? Qu'est-ce que t'as fait ?

C'est Roxanne et Inès qui s'approchent, les yeux ronds.

— J'ai *pimpé* mon uniforme un peu… Vous en pensez quoi ?

— J'ADORE ! lance Inès.

— C'est *full nice*, mais t'as pas peur de te faire chicaner ?

— Je savais qu'en mettant ça ce matin, j'allais risquer la retenue pendant une semaine, mais je voulais être moi, au complet, juste pour un moment à l'école !

— T'es *game* en tout cas !

— La cloche sonne bientôt ! Inès, faudrait y aller ! Emy… tu me diras comment ça s'est passé avec madame Boucher… merde !

— Bye Emy ! T'es trop *hot* !

Je me dirige vers ma classe. En entrant, quelques camarades me remarquent alors que d'autres sont occupés à terminer des devoirs ou à parler avec leur ami. Emma, elle, me voit tout de suite et suit mon trajet jusqu'à ma chaise sans me lâcher du regard. J'arrive à ma place, tire ma chaise et m'assois.

— T'as fait quoi à ton uniforme ? me chuchote Emma.

Je lui réponds sans la regarder.

— *Cool,* hein !

— Ouais…

Xavier entre et me fixe, mais ne dit toujours rien. Y'a pas juste moi de différente aujourd'hui. Depuis quand il garde ses commentaires pour lui ? Eddie, qui le suit, semble surpris. Rapidement, il transforme son air de surprise par un air de contentement. Je peux lire sur ses lèvres « *cool* ». Il aime ! Les autres commencent à remarquer et à se retourner. J'entends chuchoter. Quelques personnes me complimentent et d'autres, au contraire, montrent leur désaccord.

— Ayoye ! T'as pas peur, toi !

— Qu'est-ce que t'as fait ? C'est bizz !

— Le polo est trop nice, t'as fait ça avec quoi ?

— J'adore les *patchs*, tu les as prises où ?

— J'en connais une qui va se faire chicaner solide quand madame Boucher va arriver…

Au même moment, la cloche sonne et, comme à son habitude, notre prof passe la porte à la dernière minute en buvant son café. Elle nous regarde à peine.

— À vos places !

Elle dépose ses affaires et commence à nous parler de je ne sais pas trop quoi. J'écoute à peine. Je pense seulement au moment où elle va réaliser ce que j'ai fait à mon uniforme. Je sens les élèves autour de la classe gigoter d'impatience aussi. Je trouve ça drôle de voir que personne ne lui a rien dit encore. Ça lui prend un bon 2 minutes avant de poser ses yeux sur moi. Elle fige et m'observe pendant au moins 30 secondes avant d'ouvrir la bouche.

— Eh bien… il y en a une qui se croit dans un défilé de mode aujourd'hui !

Je ne sais pas ce qui me prend, mais je me sens tellement confiante que je réponds sans hésitation.

— Ouais, pis je suis la designer du défilé !

Je pense qu'elle ne s'attendait pas à ce que je réponde. Elle plisse les yeux et me sourit de manière complice avant de reprendre la parole.

— Dans dix ans, quand tu seras une grande designer, tu m'inviteras à l'un de tes défilés, mais avant ça, chez le directeur ! Prends tes choses, *go* !

En sortant de la classe, je vois Mathis qui me fait un *thumbs up*. Je sais que je vais me faire punir, mais pour une fois, je trouve que c'est pour une bonne raison. Je sors de la classe et me rend jusqu'au bout du corridor où se trouve le bureau du directeur de notre niveau, monsieur Bouchard. Au moment où j'arrive devant la porte et que je m'apprête à cogner, monsieur Lepage sort de la cage d'escalier me faisant face en mangeant un muffin tout en fredonnant. Il me voit et s'arrête. Je détourne le regard, puis la porte s'ouvre devant moi.

Je n'ai même pas eu besoin de dire quoi que ce soit en rentrant dans le bureau de monsieur Bouchard, il savait ce que j'avais fait de « mal ». C'était dur à manquer. Comparé à madame Boucher qui a été douce avec moi, même gentille, lui s'est permis de me faire les gros yeux et de hausser la voix en me rappelant les règlements de l'école. Je pense qu'il m'a relu, sans exagération, la règle sur le code vestimentaire cinq fois. Il a ensuite appelé mon père il y a de ça environ 30 minutes. Je l'avoue, c'est de lui que j'ai le plus peur. De ce qu'il va penser, de ce qu'il va me dire, de ce qu'il va me confisquer en arrivant à la maison…

La porte s'ouvre derrière moi et je sais que c'est lui.

Chapitre 22

Je ne regrette rien

Oui, j'ai été punie comme jamais après avoir exprimé ma personnalité en transformant mon uniforme. J'ai dû rembourser à mes parents le prix des morceaux que j'ai modifiés avec mon argent de poche, on m'a confisqué mon cell, puis privée de sortie pendant un mois, en plus d'avoir eu deux jours de suspension et une semaine de retenue à mon retour à l'école.

MAIS je ne regrette rien, surtout qu'à la suite de « l'incident », non seulement j'ai senti un changement de comportement de la part de mes camarades de classe, qui sont plus portés à venir me parler, mais Xavier m'a aussi laissée tranquille. Il ne m'agace plus du tout, même que je le trouve bizarre à mon égard. Il m'a donné un compliment sur mon serre-tête cette semaine. C'est à n'y rien comprendre.

Monsieur Lepage m'a également prise par surprise quand il m'a fait venir à son bureau pendant un cours d'arts et m'a demandé de participer à l'exposition annuelle de l'école. C'est un HONNEUR! Je n'en reviens toujours pas, j'ai l'impression de rêver. Normalement, ce ne sont que les élèves de secondaires 3 à 5 qui sont choisis. Je suis tellement touchée de pouvoir y présenter une œuvre lors de ma première année au secondaire. J'ai déjà commencé à travailler dessus! Maman m'a acheté un gros papier cartonné de qualité chez DeSerres comme support. J'ai le goût d'utiliser plein de techniques, l'aquarelle, le dessin et peut-être même le collage. J'ai envie de représenter en image mon expérience de ma première année au secondaire. J'ai déjà fait mille et un croquis, mais je n'arrive pas encore à faire mon choix final.

Mes conséquences se terminent aujourd'hui et j'ai hâte de récupérer mon cell. Je n'ai même pas vu si ma vidéo sur mon uniforme a bien fonctionné sur TikTok. Avant de partir cette journée-là, j'avais fait le montage et rajouté des images de chacun des détails de mon uniforme transformé et j'avais publié le tout sur l'application avant de partir pour l'école. On m'a enlevé mon cell avant que je puisse voir si les gens avaient aimé.

On cogne à ma porte.

— Emy ! Je viens te donner ton cellulaire !

Mon père ouvre et me montre mon téléphone dans sa main, puis le lance doucement sur mon lit.

— On mange dans 20 minutes, OK?

— OK! Merci!

— Ma fille?

— Oui, papa?

— Tu sais… même si je te chicane et que je ne te comprends pas toujours… je t'aime.

Venant de mon père, c'est beaucoup. Il nous dit très rarement à ma sœur et moi qu'il nous aime. Il nous le montre, mais le dire, c'est une autre affaire.

— Euh… moi aussi je t'aime, papa…

Il me sourit et ferme la porte derrière lui en quittant la pièce. Mais qu'est-ce qui vient de se passer? Mes yeux se remplissent d'eau. Je suis émue. C'est tout ce que je souhaite en fait, être aimée de mon père et là, il vient de me dire que c'est le cas. Je reste un moment debout en silence dans ma chambre. Je me laisse vivre mon émotion.

Après 2 minutes, je reprends mes esprits et j'agrippe mon téléphone. Il n'a plus de batterie. Je le branche et j'attends patiemment à côté le temps qu'il ouvre. 5 minutes d'attente, et l'écran s'illumine. J'entre mon mot de passe parce que comme toujours, il ne reconnaît pas ma face (ça arrive littéralement une fois sur deux). Je clique sur TikTok et j'aperçois dans le bas de l'écran le nombre de notifications que j'ai reçues dans le dernier mois. Je fixe l'écran sans comprendre.

428 nouveaux abonnés…

2300 *likes*…

89 commentaires…

Quoi ?

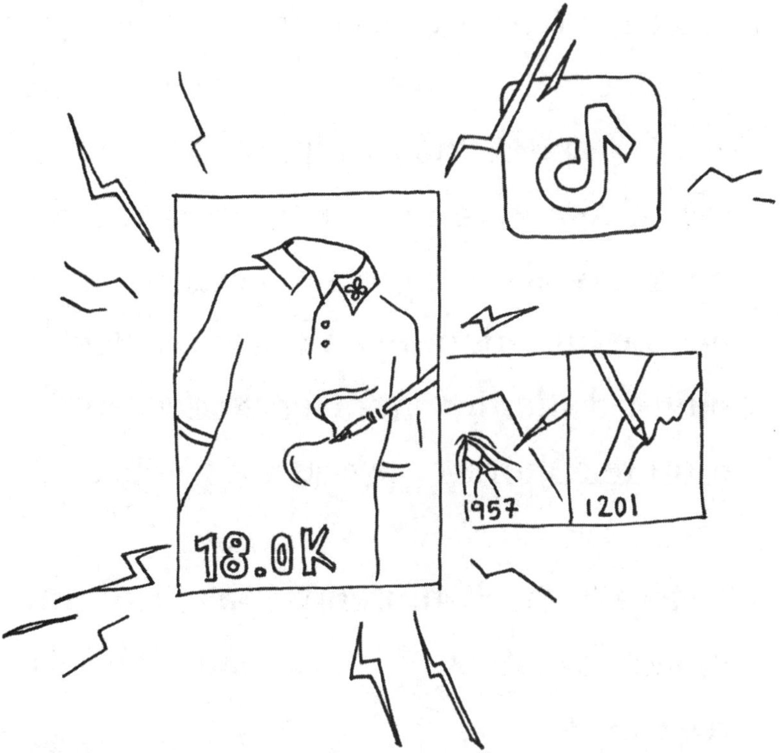

Je clique sur mon profil et je n'arrive pas à y croire. Ma dernière vidéo dans laquelle j'ai transformé mon uniforme à atteint 18 000 vues ! Je prends un moment à réaliser le tout avant de me lever et de sautiller à droite, puis à gauche de ma chambre en criant de joie.

— Emy ? Qu'est-ce qui a ?

Mon père, qui prépare le souper, m'a sûrement entendue et se demande pourquoi je hurle dans ma chambre. Au lieu de lui répondre en criant, je décide plutôt d'aller lui montrer. Je débranche mon téléphone et je cours à l'étage.

— Papa ! Tu comprends pas, j'ai une vidéo à 18 000 vues sur TikTok, regarde !!!

— 18 000 vues, c'est bon ça ?

— Papa, c'est TRÈS BON !

— Oh ! Bravo ! Qu'est-ce que tu as dessiné dans celui-là ?

— J'ai pas dessiné, c'est quand j'ai modifié mon uniforme !

— Tu t'es filmée pendant ?

— Oui ! Et regarde, les gens dans les commentaires trouvent ça *full nice*... sauf jeffreylagiraffe95 qui a juste dit « ark... », mais c'est pas important !

Il prend mon téléphone et fait jouer la vidéo. Pendant son écoute, j'aperçois un petit sourire se dessiner sur ses lèvres.

— C'est bien ma fille, je suis content pour toi !

Il me rend mon cell et se retourne pour brasser les légumes. Ça a bien l'air qu'on mange un autre sauté ce soir…

Chapitre 23

Maman va en Angleterre

Maman part encore en voyage, la chanceuse. Il y a un peu plus de trois mois, quand elle est partie à Miami, elle a rencontré plein de nouveaux amis qui partagent sa passion pour le pilates, dont un qui habite en Angleterre. Ils se parlent souvent au téléphone et dernièrement, il l'a invitée à venir le visiter et lui donner des conseils pour la décoration de sa maison. Elle part trois semaines et reviendra juste à temps pour mon exposition d'art.

Son taxi l'attend à l'avant de la maison pour l'amener à l'aéroport. Elle court partout dans la maison pour regrouper toutes ses affaires alors que mon père, ma sœur et moi attendons dans le salon pour lui dire au revoir. Je trouve ça drôle qu'elle prenne un taxi, on aurait pu aller la reconduire, nous ? En tout cas…

Elle sort enfin de sa chambre avec sa valise et son sac à main. Elle s'approche vers ma sœur et moi et nous fait un gros câlin en nous disant d'être sages avec papa pendant son absence. Elle se retourne vers mon père et lui fait une accolade à lui aussi. On l'accompagne dans l'entrée alors qu'elle met sa veste, puis elle ouvre la porte en faisant signe au chauffeur de taxi qu'elle arrive.

Elle prend ses affaires et se dirige vers la voiture tout en nous envoyant des bisous soufflés. Le chauffeur sort pour l'aider à mettre sa valise dans le coffre. Elle ouvre la portière et s'assoit sur la banquette arrière de l'auto. Celle-ci démarre et ma mère sort la main pour nous saluer une dernière fois avant de tourner le coin de la rue.

Ma sœur et moi lui avons rendu son « au revoir », mais nous continuons de nous faire aller le bras même si ça fait quelques secondes qu'elle a disparu. Je me retourne vers mon père et je vois qu'il a les larmes aux yeux. Ça lui arrive très rarement, c'est pourquoi je suis tellement surprise. Il va s'ennuyer de ma mère pendant son départ, que c'est mignon !

— Elle va revenir, papa ! Trois semaines, c'est pas si long !

Il me sourit et nous fait signe de reculer pour fermer la porte. Comme j'ai beaucoup de travail à faire pour l'exposition qui arrive bientôt, je me dirige vers ma chambre en gambadant, tellement heureuse d'aller travailler sur mon projet artistique. J'ai enfin choisi ce que je veux faire, un grand visage qui me ressemble occupant le centre de mon carton. J'aimerais d'un côté du visage utiliser des couleurs plus ternes pour montrer les peurs, le jugement et les insécurités des gens, puis de l'autre, des couleurs vives pour représenter le côté fou, rêveur, dans la lune des gens. Je veux représenter tout le potentiel qu'une personne a en elle avec de grandes fleurs derrière le visage et sur

celui-ci, puis exprimer la dualité de ces deux parties de nous qui coexistent.

C'est la première fois que je fais un projet aussi réfléchi. Normalement, j'essaie juste de m'assurer que le tout est bien joli, mais cette fois, je veux passer un message ! Sur mon grand carton, je vais commencer à appliquer de l'aquarelle pour créer des genres de taches de couleurs qui se mélangent sur le papier. Mes pinceaux sont déjà sur mon bureau, mais il me manque de l'eau, beaucoup d'eau.

Je prends un verre vide qui traîne sur ma table de chevet et je vais dans la salle d'eau au fond du couloir à côté de la salle de bain. Je le remplis jusqu'à la moitié environ et je reviens dans ma chambre.

Je le dépose au sol avec mon matériel de peinture et mon immense carton. Il est un peu trop grand pour que je travaille confortablement sur mon bureau. Sur le sol, c'est bien mieux. Je choisis un pinceau assez large pour recouvrir le plus d'espace possible. J'entends cogner à ma porte déjà ouverte. Je me tourne et j'aperçois ma sœur avec un cahier de dessin et son étui à crayons à la main.

— Emy ?

— Quoi ?

— Est-ce que je peux dessiner avec toi pendant que tu fais ton projet ?

— Cloé, faut que je me concentre ! C'est pas le meilleur moment, OK ?

— S'il te plaît ! Je ne vais pas te déranger !

J'hésite un moment. Ça fait longtemps que je n'ai pas passé de moment avec ma sœur. Je pourrais accepter cette fois-ci pour lui faire plaisir.

— OK. Mais tu peux pas me déranger, OK ? Promets-moi !

— Promis !

Elle saute sur mon lit à plat ventre, le sourire jusqu'aux oreilles, et sort ses crayons. Je commence à étendre mes différentes couleurs sur mon carton en m'assurant d'utiliser beaucoup d'eau pour qu'elles restent pâles, tandis que ma sœur dessine une maison qui ressemble étrangement à la nôtre si on oublie l'arbre qui la traverse d'un bord à l'autre. Je peux lui donner ça, à ma sœur, elle a de bonnes idées. On se concentre toutes les deux un bon 10 minutes avant qu'elle me pose une question.

— Emy ?

— J'avais dit « chut » !

— Mais j'ai juste UNE question...

— OK, *go* !

— Pourquoi tu penses que maman ne nous a pas emmenées en Angleterre en voyage ?

— Mais parce qu'on a de l'école !

— Ah, c'est vrai… mais je m'ennuie et elle vient juste de partir…

— Elle revient dans trois semaines, ça va passer vite, vite, et si tu veux…

Je me lève et m'assois à côté d'elle sur le lit.

— … on passera plus de temps ensemble à dessiner !

— Tu es sérieuse ?

— Oui ! Je vais devoir travailler plusieurs heures sur mon projet d'expo, tu pourras venir dessiner dans ma chambre si tu ne me déranges pas trop !

— Ouiii !

Je vois que ça la rend heureuse et ça me réjouit de pouvoir lui faire plaisir. Qui sait, peut-être qu'elle me donnera de bonnes idées pour mon œuvre si je suis bloquée !

Chapitre 24

La fête de Roxanne

C'est la fête de mon amie Roxanne aujourd'hui. J'ai transformé l'une de mes vieilles vestes en jean afin de lui donner en cadeau. Je sais qu'elle aime les oiseaux, alors j'ai peint des hirondelles dans le dos en plus d'ajouter des ornements à l'avant avec de la peinture or. Je travaille dessus depuis deux semaines, j'espère qu'elle va aimer.

Mon père me conduit chez elle. Il est très silencieux. Même à la maison, ces temps-ci, je le trouve étrange. Il n'est pas comme d'habitude. Oui, mon père est souvent sur mon cas et ne me comprend jamais, mais il est de nature très enthousiaste, normalement. Il fait des blagues aux caissiers de l'épicerie, il fait des jeux de mots plates de papas que personne ne comprend et il veut toujours nous faire rire, mais ces temps-ci, je ne le reconnais pas. C'est peut-être difficile à son travail ? Ou il vit une moins bonne passe ?

On s'arrête devant la maison de Roxanne. Je détache ma ceinture, prends mon sac et le cadeau pour la fêtée, puis j'ouvre la portière.

— Bye papa ! À tantôt !

— 21 h ?

— Oui ! Tu peux venir me chercher à cette heure-là !

Je ferme la porte et la voiture de mon père s'éloigne tranquillement. Je cours jusqu'à la porte et je sonne. La mère de Roxanne m'ouvre et m'indique que le reste des invités se trouvent au sous-sol. Je descends et je vois celui-ci complètement décoré. Il y a des banderoles sur

TOUS les murs et des ballons accrochés à toutes les chaises. Il y a plus de monde que je ne le pensais. Rapidement, je compte environ une vingtaine de personnes. Je cherche Roxanne du regard pour lui donner son cadeau, mais je ne la vois pas. À ce moment-là, Mathis surgit de nulle part et me fait sursauter.

— Emy !

— Mathis ? Je savais pas que Rox était ton amie ?

— Ben, on est voisins, nos parents sont ben proches.

— Je savais pas…

— Y'a quoi dans le sac ?

— Le cadeau pour Rox !

— C'est quoi ?

De toute l'année, je ne l'ai jamais entendu parler autant.

— J'ai transformé une vieille veste en jean pour elle.

— C'est ben *nice* ! Moi mes parents me font lui donner un ensemble de chandelles... Ton cadeau est ben plus original.

— Ça sent bon les chandelles, tsé...

— C'est sûr, MAIS c'est pas original !

— Si tu le dis, haha ! Elle est où, Rox ?

Il regarde autour de lui, parce que clairement, il n'a aucune idée lui aussi.

— Peut-être aux toilettes ?

— Je vais aller voir… On se parle plus tard ?

— OK oui !

Je fais le tour du sous-sol sans trouver Roxanne, elle doit sûrement être aux toilettes ou ailleurs dans sa maison. Voyant qu'elle est hors de vue, je décide de placer son cadeau sur une étagère et de m'amuser. Je vois Inès plus loin et décide de la rejoindre. On danse ensemble le temps de cinq chansons. *Sorry* de Justin Bieber commence à jouer, un bon *throwback* ! Tout le monde commence à chanter les paroles. Au moment où le refrain jaillit, quelqu'un me tapote l'épaule. Je me retourne et je vois Emma.

— Emy…

Je ne m'attendais pas du tout à la voir ce soir, mais je sais que Roxanne entretient toujours un lien d'amitié avec elle, alors je rationalise la situation dans ma tête.

— Oui ?

— Est-ce qu'on peut se parler ?

J'hésite un moment. Sa relation avec Justin m'a vraiment brisé le cœur, mais ça fait plusieurs mois et j'ai l'impression que je suis enfin prête à l'écouter.

— Ouais, OK…

Elle me fait signe de la suivre. Je l'accompagne dans ce qui me semble être une chambre d'amis. Elle ferme la porte derrière moi et s'assoit sur le lit.

— Emy, je voulais te dire que je suis profondément désolée pour ce que je t'ai fait vivre ces derniers mois…

— Ah…

— Je le réalise maintenant ! Notre amitié me manque.

Je ne m'attendais pas du tout à ça, mais je décide d'être honnête…

— Je me sentais proche de toi et tout d'un coup, sorti de nulle part, tu me trahissais ! Emma, je sais pas comment je peux passer par-dessus ça !

— Il m'a laissée, tu sais !

— Quoi ?

— Oui… Justin m'a laissée la fin de semaine passée.

— Ah… je suis désolée…

— L'es-tu vraiment ?

— Emma… je te parle en toute honnêteté en ce moment. Ça m'a détruit de savoir que ma meilleure amie s'est *get* mon *crush* ! Je pensais que t'étais de mon bord !

— Je regrette tellement, si tu savais ! J'ai eu l'impression de tout manquer quand j'étais avec Justin ! Il n'était tellement pas présent pour moi. On parlait que de lui, sans arrêt.

— C'est plate, ça…

Je ressens ses émotions alors qu'elle se livre à moi.

— Je pense que je ne me suis pas vraiment questionnée par rapport à ma relation avec Justin… J'étais juste contente que quelqu'un s'intéresse à moi…

— Qu'est-ce que tu veux dire ?

— Ben je sais pas si j'appréciais Justin pour la personne qu'il était ou plus pour ce qu'il m'apportait... Il est *cool*, sûr de lui...

— Je vois...

— Ce que j'essaie de dire, c'est que... je m'excuse, Emy ! J'aurais pas dû faire ce que j'ai fait... J'espère vraiment que tu me pardonnes !

Une partie de moi, encore rancunière, me crie de faire fi de ses excuses, mais mon cœur, lui, me dit de lui pardonner et de passer à autre chose.

— Emma, tu m'as brisé le cœur...

— Je sais, mais je regrette, si tu savais… Je veux qu'on soit amies de nouveau…

Je perçois à ce moment-là tellement de sincérité dans sa voix que, sans penser, je la prends dans mes bras pour la réconforter.

— Je te pardonne, Emma.

L'exposition

Je suis trop heureuse, Roxanne a adoré son cadeau l'autre jour. Elle l'aimait tellement qu'elle l'a porté presque toute la soirée après que je lui ai donné et le porte souvent pour venir à l'école. Emma et moi, on s'est enfin réconciliées. Ça me touche qu'elle ait pris l'initiative de venir s'excuser et ça m'a quand même fait de la peine de savoir que Justin lui a brisé le cœur, à elle aussi. Les gars, sérieux ! Je réalise que ça ne vaut tellement pas la peine de leur donner autant d'énergie ! Pour ma part, c'est fini ! Je veux plus rien savoir. Je veux me concentrer sur moi. À partir de maintenant, je ne donne que du temps à mon art et à mes amis !

Parlant d'amis, je m'en suis fait un nouveau, Mathis ! Je me suis *full* rapprochée de lui dernièrement depuis que j'ai dansé (amicalement) avec lui une bonne partie de la soirée chez Roxanne ! On s'amusait aussi à analyser les tableaux dans le sous-sol de Roxanne en se donnant des voix graves et sérieuses. Il est beaucoup moins gêné à l'extérieur de l'école. Je peux même dire qu'il est drôle. Depuis ce temps-là, on se parle beaucoup plus à l'école et il vient même dîner avec nous des fois. Je l'ai invité à l'exposition de ce soir et il m'a dit qu'il allait venir. J'attends plusieurs autres de mes amis et mes parents, bien sûr. J'ai hâte de voir leur réaction face à mon œuvre!

Papa est venu me porter à l'avance tout à l'heure pour que j'aide monsieur Lepage à tout organiser avec le reste des élèves qui présentent également des œuvres. On a commencé à accrocher les cadres au mur du gymnase de l'école. Ensuite, on a installé les sculptures sur des podiums au centre de la pièce. Monsieur Lepage a acheté de petits amuse-bouche qu'il nous a demandé d'organiser sur des plateaux de présentation pour les invités. À l'entrée, il y a une table avec des brochures qui présentent en image et en texte les œuvres de chaque artiste. Chacun des élèves doit passer un moment à la table pour les distribuer. Si je me souviens bien, je suis la quatrième à occuper ce poste après Violette, une élève de secondaire 4.

Tout est prêt pour l'arrivée des visiteurs. On ouvre les portes du gymnase vers 18 h 30. Dans 10 minutes! Ça me laisse un petit moment pour faire le tour et prendre le temps d'observer chacune des œuvres. Je les ai vues rapidement, mais j'étais trop occupée pour bien les analyser.

Je marche jusqu'à une sculpture qui se tient devant l'entrée sur un podium en bois peint en blanc, celle de Marc-Antoine. C'est un extraterrestre fait de ce qui me semble être du papier mâché faisant du patin à roues alignées. Je suis surprise que ça tienne, il mesure presque un mètre et il a une allure de spaghetti. Tous ses membres sont longs et minces. Il doit y avoir un fil de fer qui tient le tout ! C'est brillant ! J'adore.

Je passe à la prochaine œuvre qui est une trilogie de photos en noir et blanc prises par Jackson, un élève de secondaire 5. Il est allé prendre des photos dans la maison de retraite de ses grands-parents et il en a sélectionné trois pour l'expo. Je le sais parce c'est écrit sur une petite affiche placée à côté de chacun de nos projets. Je continue.

La toile de Lysane en secondaire 4 est magnifique. Elle a peint un jardin de fleurs et un coucher de soleil. C'est exécuté avec tellement de précision ! J'admire ce qu'elle a fait, mais surtout la patience qu'elle a dû avoir pour faire tous ces détails.

Je prends tellement mon temps pour bien apprécier le travail de tout le monde que monsieur Lepage annonce l'ouverture avant que j'aie pu terminer de faire le tour. Tous les artistes viennent à l'entrée pour accueillir leur famille et leurs amis. Je vois ma sœur et mon père entrer dans le gymnase, alors je cours les voir.

— Papa ! Cloé !

— Allô, ma fille ! Pis, il est où, ton dessin ?

— Là-bas ! Je vais vous montrer ! Elle est où, maman ?

— Son vol a été retardé, elle devrait venir un peu plus tard…

— Ah OK !

Ma sœur, voyant mon œuvre au loin, se met à courir vers elle.

— C'est trop beau, Emy !

— Merci ! Mais tu l'avais déjà vue hier !

— Oui, mais accrochée au mur comme ça, ça fait différent !

— C'est vrai que c'est beau ! dit mon père d'un ton très sincère.

Je leur explique brièvement l'intention derrière mon dessin avant de les encourager à faire le tour des autres projets. À ce moment-là, je vois mes amis arriver au loin. Il y a Roxanne, Inès, Mathis et même Emma ! Je ne savais pas si elle allait venir. Je suis heureuse de la voir.

— Salut ! Contente de vous voir !

— Emy, c'est trop *cool* ! me lance Inès.

— Je n'arrive pas à croire que monsieur Lepage t'a demandé d'exposer alors que t'es qu'en secondaire 1, c'est fou! me dit Roxanne.

— Yo! T'as le talent pour, c'est pour ça! me lance Mathis.

— Bravo, Emy! Et en plus, il y a plein de monde! me fait remarquer Emma.

Je regarde autour et je remarque, en effet, l'ampleur de la soirée. Ça ne fait que 10 minutes que l'expo a commencé et il y a déjà une cinquantaine de personnes. Je balaie du regard le public et je vois quelqu'un que je ne m'attendais pas du tout à voir ici : Xavier! Il me fixe, mais cette fois-ci, je ne ressens pas de méchanceté dans ses yeux. Au contraire, il a l'air gêné. Il se décide à avancer vers notre groupe.

— Emy ?

— Oui ?

— Est-ce que je peux te parler ?

— C'est à quel sujet ?

— Ben, c'est personnel...

J'échange un regard avec mes amis, qui semblent extrêmement surpris eux aussi de le voir ici.

— OK, mais 2 minutes seulement.

Il me fait signe de le suivre à l'écart de la foule sur le coin du mur.

— *So*... je voulais te dire bravo pour ton expo...

Je prends deux longues secondes avant d'absorber ce qu'il vient de me dire.

— Euh... merci, mais Xavier, qu'est-ce qui t'arrive? Tu ne me niaises plus, tu me félicites pour mon expo, je comprends rien!

— Ben, c'est ça, je voulais m'excuser de t'avoir niaisé cette année...

— OK... C'était poche, tsé!

— Je ne savais pas trop comment t'aborder, t'avais tellement l'air indifférente à mes jokes, ça me frustrait...

— Mais c'est pas une raison pour être méchant !

— Ben là, je le réalise…

— Recommence pas, *please*, pis on va être OK toi et moi !

— Promis !

— T'es venu ici juste pour me dire ça ?

— Non, ma sœur aussi expose ce soir. C'est Lysane !

— Wow ! Ta sœur c'est Lysane ! Elle est trop *cool* et tellement talentueuse !

— Ouais, je sais… comme toi…

Il me sourit doucement. C'est encore bizarre. Je ne suis pas habituée à tant de gentillesse de sa part.

— Merci… Bon, ben, je vais aller rejoindre mes amis. On se voit demain à l'école !

— Ouais OK, bye…

En me dirigeant vers mon groupe d'amis, je vois ma mère traverser la porte avec un bouquet de fleurs dans les mains. Heureuse de la revoir après trois semaines d'absence, je cours vers elle et je lui saute dans les bras !

Chapitre 26

L'annonce de ma mère

C'est la dernière journée d'école aujourd'hui. Ma sœur et moi avons terminé tous nos examens et on fête ça en famille avec un bon souper sur la terrasse dehors dans notre cour arrière. En plus, il fait super beau. Papa a assemblé de magnifiques *poke bowls*. Je suis certaine qu'ils vont goûter aussi bon qu'ils en ont l'air. Maman a aussi déposé sur la table un pichet d'eau en vitre dans lequel elle a mis des tranches de citron frais.

Je suis tellement fière d'avoir passé au travers de ma première année au secondaire. J'ai vécu des hauts et des bas, mais je me sens tellement plus outillée pour affronter le reste de mon cheminement scolaire maintenant. Je n'arrive toujours pas à croire que j'ai participé à l'expo d'art de l'école ! C'est l'une de mes plus grandes fiertés, honnêtement. J'espère pouvoir y participer l'année prochaine aussi !

Mais encore plus génial : je me suis fait des amis en qui je sens que je peux avoir confiance, qui me montrent tous les jours que je suis importante et qui m'encouragent dans mes passions. J'ai eu mon premier *crush*. Ça n'a pas fonctionné comme je le voulais, mais j'ai tellement appris de cette situation. La prochaine fois que ça arrivera, je serai sans doute plus capable de comprendre et de gérer mes émotions. Je pense avoir passé tous mes cours, je me croise les doigts. Je me le souhaite, parce que les cours d'été, ça ne m'intéresse pas du tout! Je veux pouvoir profiter du beau temps et me reposer.

Mon père est assis au bout de la table. Ma sœur et moi sommes d'un côté de la table et ma mère nous fait face. On commence tous à manger tout en discutant.

— Pis, les filles, contentes d'avoir terminé l'école ? demande ma mère.

Ma sœur répond avec enthousiasme.

— Oui ! Trop contente ! J'ai eu deux méritas aujourd'hui à l'école à la remise de prix de la classe. Ma prof m'a félicitée pour mes efforts constants et ma bonne humeur !

— On est super fière de toi, Cloé ! Et toi, Emy ?

— Plus que plus contente que ce soit terminé, helloooo les vacances ! Est-ce qu'on va aller en voyage cet été ?

Mes parents se regardent. C'est comme s'ils se parlaient, mais sans rien dire. Ma mère se retourne vers moi.

— On verra bien…

— Ça serait vraiment *cool* ! Roxanne et sa famille vont en Europe, pis Mathis et Inès vont chacun voir leur famille en Haïti et en Tunisie ! Genre, je voudrais qu'on fasse de quoi d'amusant en famille, on part jamais nulle part !

— C'est pas vrai ça, on est allé à Cuba il y a trois ans !

— Ça ne compte pas, Cloé avait juste 8 ans, elle ne s'en souvient presque pas !

— Oui, je m'en souviens !

— Chuttt… Le but, c'est de partir en voyage !

— Désolée…

— Ben y'est trop tard, là !

Ma mère rigole un peu. Mon père, lui, reste tranquille. C'est étrange. Normalement, il se serait fait un plaisir de nous taquiner. Je me demande ce qu'il a. Il est peut-être fatigué ? Je continue de manger. Quelques minutes plus tard, toute la famille a terminé son repas, c'était délicieux. Personnellement, j'en aurais mangé le double tellement je me sens gourmande ce soir. Un colibri passe devant moi à la vitesse de la lumière et va sentir les fleurs accrochées à la pergola.

— Regardez ! Un colibri !

— Oh ! Wowww ! lance ma mère.

— Il est trop mignon ! crie ma sœur.

Mon père le regarde et sourit légèrement avant de se lever pour ramasser les bols de tout le monde. Avant de retourner à l'intérieur, il s'arrête.

— Les filles… Je vais vous laisser avec votre mère, elle a quelque chose à vous dire.

Sur le coup, je pars à rire pensant qu'il nous niaise. Pourquoi mon père ne voudrait pas entendre ce que ma mère a à dire ? Ça ne fait aucun sens. Voyant qu'il pousse sa chaise pour réellement se diriger vers la maison, je regarde ma mère qui semble très calme. Je sens une pression dans ma poitrine. Quelque chose cloche, mais je ne sais pas encore quoi. Mon père passe finalement la porte patio et disparaît.

— Les filles, ça fait un moment que je voulais le dire, mais avec votre père, on a jugé qu'il était mieux d'attendre que vous ayez terminé l'école toutes les deux.

Je commence à me sentir un peu anxieuse, je n'aime pas le ton sérieux que la conversation prend.

— C'est quoi, tu déménages dans un autre pays ? dis-je d'un ton moqueur.

— Je déménage en Angleterre.

Mon cœur s'arrête d'un coup. Quoi ? En Angleterre ? Qu'est-ce qu'elle va aller faire là-bas, voyons ? Pour le travail ? Papa va s'ennuyer ! ON va s'ennuyer ! Ma sœur écoute ma mère silencieusement. Elle semble beaucoup plus calme que moi... Est-ce qu'elle a entendu la même chose que moi ? Que notre mère va vivre en ANGLETERRE ? À l'autre bout de l'océan ?

— J'ai rencontré quelqu'un d'autre...

Mon cœur s'arrête une seconde fois... NON !

— ... et je vais aller vivre avec lui en Angleterre.

Je la regarde, les yeux ronds. J'ai du mal à assimiler ce qui se passe. Elle nous quitte ? Pour vrai ? Elle ne veut plus être notre mère ? Et papa, dans tout ça ? Il doit tellement avoir de la peine ! Est-ce que c'est pour ça qu'il agit bizarrement depuis un moment ?

— T'es sérieuse ? dis-je pour confirmer que j'ai bien compris.

— Oui, je pars à la fin de l'été officiellement…

— Mais est-ce qu'on va pouvoir venir te voir ? lance ma sœur naïvement.

— Oui, pendant les vacances, vous allez me rendre visite !

Lui rendre visite, à elle ET à son nouveau chum ? Impossible ! Je me lève d'un coup. Énervée et sans trop réfléchir, je prends ma chaise, je la soulève et la lance le plus loin possible dans le gazon en criant de frustration. En me retournant, j'aperçois les grands yeux surpris de ma sœur et l'air tout aussi calme de ma mère, même après mon acte de colère. Je ne peux pas croire ce qui m'arrive.

Pas capable de rester une minute de plus avec elle, je cours me réfugier dans ma chambre. Je cours tellement vite qu'en moins de 30 secondes, je suis au sous-sol, allongée sur mon lit, la tête dans l'oreiller, en train de pleurer toutes les larmes de mon corps. Ma mère m'abandonne ! Elle ne m'aime plus. Comment je vais faire pour affronter le reste du secondaire sans elle à mes côtés ?

Remerciements

Je tiens tout d'abord à remercier la petite Emy, celle qui a toujours eu les rêves les plus fous et qui n'a jamais cessé d'y croire. Je suis fière de toi, fière de ce que tu as accompli et j'ai bien hâte de voir où la vie nous mènera.

Ensuite, j'envoie tout mon amour à toi, lecteur. L'histoire que tu viens de lire est parsemée de mes souvenirs autant heureux que tristes. Je t'ai livré une grande partie de mon cœur dans ce roman et en me lisant jusqu'au bout, tu m'as donné à ton tour tout ton amour. Merci mille fois.

À ma famille, qui m'a tellement inspirée dans l'écriture de ce livre, je te dis « je t'aime ». Merci d'avoir forgé mes valeurs, ma personnalité et mon intégrité.

Mes amis d'aujourd'hui et d'autrefois, je vous salue. Merci d'avoir été et d'être dans ma vie. Vous m'aidez à me faire confiance et à être moi-même.

Finalement, je remercie mon merveilleux agent, Pierre-Olivier Beaudoin, qui ne cesse de croire en moi et en mes folies, ma chargée de contenus Pascale Hubert pour son encadrement et sa patience en or, et ma maison d'édition Pratico-Pratiques pour sa confiance.

PratiCool

PRATICO EDITION